国家能源集团"煤炭清洁高效利用"
————2030重大先导项目

碳中和下中国能源转型
与煤炭清洁高效利用丛书

应对
气候变化背景下的
能源转型

Energy Transition
to
Address Climate Change

张继宏
李　锴　等编著
谭秀杰

化 学 工 业 出 版 社
· 北 京 ·

内容简介

本书通过梳理国际应对气候变化与能源转型的趋势，分析了典型国家、地区及典型行业代表企业应对气候变化与能源转型的主要经验与政策工具，以期为中国能源转型提供参考。也通过中国的数据实证分析了中国能源转型的驱动因素，同时在碳中和背景下，研究了中国碳排放空间的跨期配置，分析了碳市场价格趋势，最后提出能源企业面临的挑战、机遇与应对措施。

本书聚焦于能源转型，可供能源经济学、环境经济学等专业的高校师生以及能源企业、政策研究者阅读参考。

图书在版编目（CIP）数据

应对气候变化背景下的能源转型 / 张继宏等编著 .—北京：化学工业出版社，2023.8
（碳中和下中国能源转型与煤炭清洁高效利用丛书）
ISBN 978-7-122-43222-3

Ⅰ.①应… Ⅱ.①张… Ⅲ.①能源经济 - 研究 - 中国 Ⅳ.① F426.2

中国国家版本馆 CIP 数据核字（2023）第 057707 号

责任编辑：冉海滢　刘　军
责任校对：宋　夏
装帧设计：王晓宇

出版发行：化学工业出版社
　　　　（北京市东城区青年湖南街13号　邮政编码100011）
印　　装：中煤（北京）印务有限公司
710mm×1000mm　1/16　印张14¹/₂　字数214千字
2023年8月北京第1版第1次印刷

购书咨询：010-64518888　　售后服务：010-64518899
网　　址：http://www.cip.com.cn
凡购买本书，如有缺损质量问题，本社销售中心负责调换。

定　　价：99.00元　　　　　　　　　　　　版权所有　违者必究

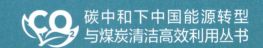 碳中和下中国能源转型与煤炭清洁高效利用丛书

丛书编委会名单

主　任　　孙宝东　蒋文化

副主任　　王雪莲　李瑞峰　李全生　倪　炜

顾　问　　戴彦德　胡秀莲　丁日佳　刘　宇　柴麟敏

委　员　　（按姓氏汉语拼音排序）

蔡　斌　陈诗一　陈　语　冯晟昊　胡时霖
姜大霖　蒋文化　赖业宁　李　锴　李全生
李瑞峰　李　杨　李志青　林伯强　林圣华
毛亚林　倪　炜　聂立功　宁成浩　彭秀健
齐绍洲　孙宝东　谭秀杰　王　雷　王雪莲
魏　宁　吴　璘　吴　微　于　淼　张继宏
张　凯　张　勇　朱吉茂

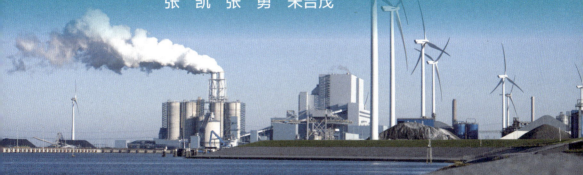

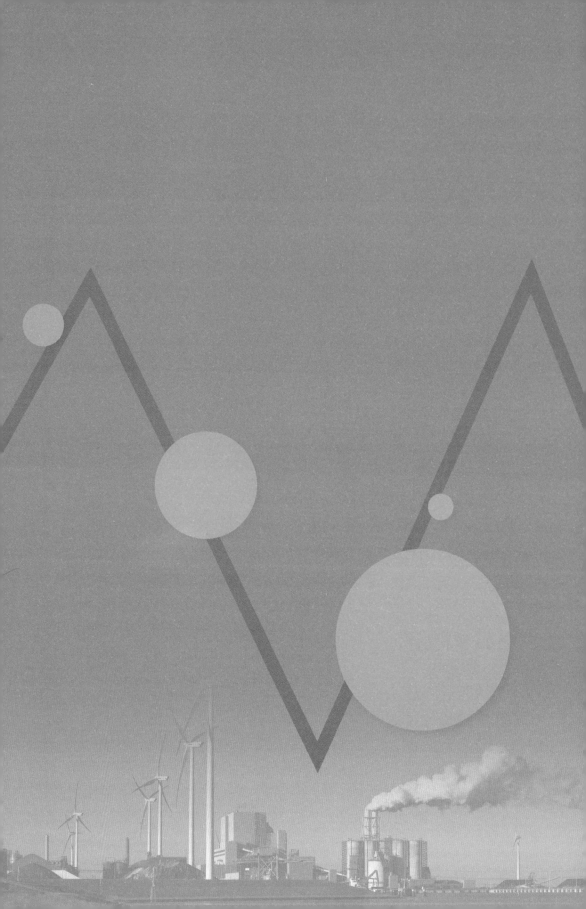

丛书序

气候变化是 21 世纪全球面临的最严重挑战之一。推动实现碳中和，即二氧化碳净零排放，是减缓气候变化的唯一途径。2020 年 9 月 22 日，习近平主席在第七十五届联合国大会一般性辩论上发表讲话，"中国将提高国家自主贡献力度，采取更加有力的政策和措施，二氧化碳排放力争于 2030 年前达到峰值，努力争取 2060 年前实现碳中和"，这是我国在应对气候变化背景下许下的重要承诺，既是积极承担大国责任的行为，也给经济社会低碳转型发展提出了新的要求。能源结构调整是实现碳中和目标的重要内涵。然而，当前我国以煤炭为主的能源结构在短期内难以根本改变，如何在保障经济发展的同时，平稳、快速实现能源转型是当前我国完成碳中和目标需要解决的关键问题。

煤基能源是经济社会发展的重要物质基础，也是碳排放的主要来源，能源行业的健康发展关乎国家资源、环境和经济社会可持续发展。在碳达峰、碳中和目标下，煤基能源在能源系统中承担怎样的角色，煤基能源产业如何有序低碳转型发展？诸此种种，都是我国能源行业高质量发展必须直面解决的重大战略问题。考虑到我国发展阶段特点与富煤、贫油、少气的资源禀赋条件，能源兜底保障责任必然要落到煤炭、煤电身上,这不是权宜之计,是由国情能情决定的必然选择,也是我国能源安全战略的重要组成部分。在国际气候协议约束及国内环保压力下,统筹能源安全、民生保障、成本代价与低碳转型的关系,促进能源、经济、社会、环境协调发展,对我国经济安全和能源企业发展都是巨大挑战。当前,煤基能源产业正步入高质量发展加速期和低碳转型关键路口,十分有必要对新形势下的我国能源中长期转型路径及煤炭、煤电的低碳转型方向作出研判,为我国能源结构优化升级和国家能源安全保障提供相关决策参考。

以煤炭为主体的能源资源禀赋条件,决定了我国实现经济社会持续发展的能源电力稳定供应必须立足国情能情、"做好煤炭这篇大文章"。"煤炭清洁高效利用2030重大项目"是国家面向2030年部署的17个重大项目之一。国家能源投资集团有限责任公司(以下简称"国家能源集团")在"煤炭清洁高效利用2030重大项目先导项目"框架下立项开展"国家中长期碳减排路径与能源结构优化战略研究",旨在研判全球能源系统转型的基本趋势及其不确定性,全面评估煤炭清洁高效利用在能源系统转型中的角色和作用,提出我国中长期能源转型路径方案并为国家制定气候变化战略规划提供支撑,以及为未来启动和推进国家"煤炭清洁高效利用2030重大项目"奠定相关研究基础。

该项目由国家能源集团技术经济研究院牵头实施,联合中国科学院武汉岩土力学研究所、中国科学院科技战略咨询研究院、南瑞集团有限公司、武汉大学、复旦大学、厦门大学以及澳大利亚维多利亚大学政策研究中心(CoPS)等多家国内外机构开展了为期3年的跨学科、跨领域协同攻关。项目基于"全球气候治理—我国能源转型—煤基产业发展"的研究逻辑,系统分析全球气候治理的方案及机制,定量刻画了我国能源转型的演变规律和影响因素,综合评估CCUS技术嵌入煤基能源产业优化发展的综合成本效益。厘清碳中和背景下我国中长期煤基能源发展的目标和优化路径，科学测算 CCUS 技术在中国能源低碳转型战略中的定位和贡献，以期为煤基能源产业低碳高质量发展、煤炭与新能源优化组合战略的实施提供战略支撑和方向引领。

基于项目成果，形成本系列丛书。希望可以为煤炭清洁高效利用相关的理论和实践研究提供研究基础，为国家煤基能源产业发展提出有效建议，为煤炭、电力等行业制定可持续发展战略提供成果支持，为大型综合能源企业制定产业转型升级发展战略提供决策支撑。

借此机会，向为项目研究和丛书出版工作做出努力的研究者和编者表示诚挚的感谢！不足之处，还请专家同行批评指正！

孙宝东

2023 年 5 月

前言

席卷全球的新冠病毒感染启示我们要认识到人与自然关系的脆弱性。气候变化作为长期、深层的重大危机,将给人类社会带来极大风险,因此,需加快形成绿色发展和生活方式。虽然目前已有190多个国家向IPCC(联合国政府间气候变化专门委员会)提交了国家自主减排贡献,但是距离实现温控1.5℃目标依然有较大差距(联合国环境规划署,2021)。为实现我国经济绿色转型及履行大国责任,2020年9月,党中央经深思熟虑宣布了"2030年前碳达峰、2060年前碳中和"的重大战略决策部署。中国"双碳"目标包括了5个具体目标:2030年前碳达峰、2060年前碳中和;2030年碳强度较2005年下降65%以上;2030年非化石能源占比25%;2030年森林积蓄量60亿立方米;2030年风、光装机新增12亿千瓦以上。

当前,电力行业是中国碳排放量最大的行业(Liu et al., 2015)。国际能源署数据显示,2018年中国电力与供热系统产生的二氧化碳为49.23亿吨,占中国能源消耗相关总排放量的51.44%。要实现2030年前碳达峰与2060年前碳中和目标,电力系统的深刻转型并实现近零排放是最关键的问题。目前,中国供电排放约600克/(千瓦·时)[较2005年900克/(千瓦·时)已下降约33%],但距离国际先进水平还有较大差距，较全球平均水平450克/（千瓦·时）仍然高出了33%左右。需至少以每年10克/（千瓦·时）左右的速度下降，才能确保在2060年左右达到目前近零排放国家的水平。对于中国而言，最关键的工作就是能源系统的近零碳排放转型。实现能源系统的近零碳排放目标需要政府和非政府部门之间协力，也需要国家之间的合作与协同。要在剖析国际大趋势的基础上，借鉴国际先进经验，从国家—区域—企业层面进行分析与总结。为此，基于国家能源集团2030先导项目"国家中长期碳减排路径与能源结构优化战略研究"的研究成果，武汉大学项目组组织力量编写了本书。本书是一本兼具大众可读性和学术严谨性的专著，以期助力更大范围内的能源转型讨论。

我国提出的"30·60双碳"目标（2030年前实现碳达峰，2060年前实现碳中和）对全球减排的战略意义重大。中国正在构建以"能源转型"为牵引带动"产业低碳转型"的基本路径，基于此，本书逐步讨论国际应对气候变化与能源转型的趋势，分析了典型国家、地区及典型行业代表企业应对气候变化与能源转型的主要经验与政策工具，最后以中国自身作为研究对象，分析中国能源转型的驱动因素、碳中和背景下中国碳排放空间的跨期配置与能源转型、中国碳市场价格趋势与能源转型等内容。那么本书具体能为读者带来哪些关键信息呢？

本书带读者了解国际应对气候变化与能源转型的新趋势。第1章主要分析、总结和提炼了全球应对气候变化与能源转型历程，国际应对气候变化新趋势，国际能源转型新趋势，以及国际能源转型的主要举措，包括优化能源结构的具体实践、提高能源效率的工具、低碳技术为什么要超前部署以及如何实现气候投融资的落实。

本书为读者带来世界主要经济体应对气候变化与能源转型的案例分析。笔者认为，只要能够吸收国际先进的能源转型经验，并结合我国的基本国情做出科学的调整，将有助于我国碳中和目标的实现。为此，笔者选择了欧盟这一具有紧密组织的跨政府经济体，还选择了美国、日本这样独立的发达国家经济体，同样选择了"金砖四国"这种经济组织作为研究对象，深入剖析了各经济体或组织的经典实践。

本书为读者分析世界主要行业典型企业应对气候变化与能源转型的具体实践。 碳中和目标的实现，最终要落实到企业的执行层面。第3章选择了重点行业典型企业，包括英国石油公司、美国新纪元能源公司、安赛乐米塔尔集团作为研究对象，对企业应对气候变化政策及能源转型战略进行了分析，以期为国内企业的能源转型提供借鉴。

本书让读者明白中国实现能源转型的关键要素有哪些。 笔者认为，技术可行、成本可控、政策引导、产权结构设计是实现能源转型的关键因素。技术创新是实现能源转型的根本路径，只有绿色低碳、成本更低的能源才能替代现有的能源体系，那么控制成本就是实现能源转型的基本前提，而政策引导是基本保障，产权结构设计是实现能源转型的有效手段。

本书为读者描述了碳排放空间作为一种资源约束将对中国能源转型的影响。 以往应对气候变化的经济研究大多采用成本-收益分析，及比较不同减排路径的长远收益与短期成本。首先，碳排放空间作为一种资源并没有被考虑到模型中，并且对碳排放空间进行货币价值定价存在很大的不确定性，也带来跨期分配碳排放空间的贴现率如何科学设置的问题。其次，经济分析往往只能捕捉到有市场交易的经济活动或者可以货币化的经济影响，而气候变化带来的一些冲击超越了传统的经济分析或者难以定量化与货币化，如海平面上升、极端天气增加、生态失衡及社会福利减少等。因此，研究的范式应该变为如何以最大的社会福利有效达到科学目标，即从成本-收益分析转变为福利-有效性分析。笔者同时构建了人均GDP、社会公平性及碳排放三目标耦合的新社会福利函数，对碳排放空间进行贴现，从跨期的视角在实现每期社会福利最大化的基础上实现科学能源转型目标。

本书让读者了解碳价格与能源转型的关系。第 6 章笔者在梳理世界主要国家和中国试点碳市场碳价格走势的基础上，分析了中国试点碳市场碳价格的影响因素，并进一步结合集成经验模态分解模型（EEMD）和中国能源动态一般均衡（CHINAGEM-E）模型分别预测了基准情景和"2060 碳中和情景"下中国 2021～2060 年碳价格区间走势。最后分析了碳价格与能源转型的关系。

在本书编写过程中，张继宏、李锴、谭秀杰讨论确定了框架设计，齐绍洲教授给出了整体修改意见与建议，张继宏负责最终的修改与统稿工作。其中第 1 章、第 6 章由谭秀杰、程师翰、杨芷萱编写；第 2 章、第 4 章由李锴、周朝波、王卓亚、段博慧、欧阳泽宇编写；第 3 章、第 5 章由张继宏、陈豪、郑晓威编写。此外，李慧娟、李晓慧、沈昂星、王子辰与赵清华承担了校对及文献梳理工作。

走向碳中和对所有人来说都是一个长期的学习过程，能源转型也不是一朝一夕可以实现的。由于水平和时间有限，本书难免存在疏漏之处，希望广大读者给予批评与指正。让我们共同努力，助力实现美丽中国梦！

编著者
2023 年 1 月

目录 CONTENTS

第 1 章 国际应对气候变化与能源转型趋势 ... 001

1.1 全球应对气候变化与能源转型历程 ... 002
- 1.1.1 全球应对气候变化历程 ... 002
- 1.1.2 全球能源转型历程 ... 005

1.2 国际应对气候变化新趋势 ... 007
- 1.2.1 各国纷纷提出碳中和目标 ... 008
- 1.2.2 气候峰会促进国际间气候合作 ... 014
- 1.2.3 国际减排联盟规模不断壮大 ... 017

1.3 国际能源转型新趋势 ... 020
- 1.3.1 能源转型清洁低碳化 ... 020
- 1.3.2 能源转型多元化 ... 023

1.4 能源转型的主要举措 ... 025
- 1.4.1 优化能源结构 ... 026
- 1.4.2 提高能源效率 ... 028
- 1.4.3 超前部署低碳技术 ... 030
- 1.4.4 大力促进气候投融资 ... 035

第 2 章 典型国家与地区应对气候变化与能源转型趋势 ... 039

2.1 欧盟应对气候变化与能源转型 ... 040
- 2.1.1 改革排放交易体系（ETS） ... 041
- 2.1.2 制定《欧洲绿色协议》 ... 041
- 2.1.3 推动碳边境调节机制立法进程 ... 045
- 2.1.4 增强气候适应能力 ... 046

2.2 美国应对气候变化与能源转型 ... 050
- 2.2.1 实施气候新计划 ... 051

		2.2.2 颁布应对气候变化的行政命令	052
		2.2.3 增强国际气候雄心	053
	2.3	日本应对气候变化与能源转型	054
		2.3.1 能源政策设计遵循"3E+S"原则	055
		2.3.2 制定《绿色成长战略》	056
		2.3.3 加强氢社会建设	057
	2.4	金砖国家应对气候变化与能源转型	058
		2.4.1 俄罗斯：大型项目托起的能源转型	059
		2.4.2 南非：政策引导下向风能转型	060
		2.4.3 印度：煤税支持新能源技术发展	060
		2.4.4 巴西：能源治理和规划集中化	062

第 3 章　典型企业应对气候变化与能源转型趋势　065

3.1 英国石油公司应对气候变化与能源转型　066
　　3.1.1 英国石油公司的基本概况　066
　　3.1.2 英国石油公司的能源转型目标　066
　　3.1.3 英国石油公司应对气候变化与能源转型的战略　069
　　3.1.4 英国石油公司应对气候变化与能源转型的经验与启示　073

3.2 新纪元能源应对气候变化与能源转型　074
　　3.2.1 新纪元能源的基本概况　074
　　3.2.2 新纪元能源应对气候变化与能源转型的主要目标　075
　　3.2.3 新纪元能源应对气候变化与能源转型的战略　076
　　3.2.4 新纪元能源应对气候变化与能源转型的经验与启示　083

3.3 安赛乐米塔尔集团（Arcelor Mittal）应对气候变化与能源转型　085
　　3.3.1 Arcelor Mittal 的基本概况　085
　　3.3.2 Arcelor Mittal 应对气候变化与能源转型的主要目标　086
　　3.3.3 Arcelor Mittal 应对气候变化与能源转型的战略　086
　　3.3.4 Arcelor Mittal 应对气候变化与能源转型的经验与启示　091

第 4 章　中国能源转型的驱动因素　　095

4.1　能源转型的评价指标与发展现状　　096
4.1.1　能源转型的评价指标　　096
4.1.2　主要发达国家能源转型的发展现状　　098
4.1.3　中国能源转型的发展现状　　104

4.2　中国能源转型的动力机制及其计量模型构建　　107
4.2.1　能源转型的动力机制　　107
4.2.2　计量模型构建　　109
4.2.3　样本来源及数据说明　　111

4.3　能源转型的动力机制分析　　115
4.3.1　驱动因素的基准分析　　115
4.3.2　基于技术的中介效应　　117
4.3.3　政策的动态效应　　120
4.3.4　不同产权结构的比较　　123

第 5 章　碳中和目标下中国碳排放空间与能源转型　　127

5.1　国内外对中国碳排放空间预测的比较分析　　128
5.1.1　主要研究方法比较　　128
5.1.2　主要情景比较　　131
5.1.3　研究结果比较　　134

5.2　碳中和目标下中国碳排放空间的动态优化模（CESDOM）构建　　136
5.2.1　情景设计　　137
5.2.2　模型构建　　143
5.2.3　预测结果分析　　146

5.3　碳排放空间约束下的中国能源转型　　153
5.3.1　新型电力系统的构建　　153
5.3.2　构建新型电力系统面临的挑战　　157
5.3.3　构建新型电力系统路径　　158
5.3.4　多元化与低碳化的能源转型路径　　166

第6章 碳中和目标下中国碳价格预测与能源转型　　175

6.1 全球主要碳市场碳价格走势　　176
6.1.1 欧盟全域碳市场碳价格走势　　176
6.1.2 美国区域温室气体减排行动区域碳市场碳价格走势　　178
6.1.3 韩国全国碳市场碳价格走势　　178
6.1.4 中国试点碳市场和全国碳市场碳价格走势　　179

6.2 中国试点碳市场碳价格的分解及影响因素　　184
6.2.1 碳价格的影响因素　　184
6.2.2 分解中国试点碳市场碳价格　　186
6.2.3 中国试点碳市场碳价格的重构及影响因素分析　　190

6.3 碳中和目标下中国碳价格预测　　194
6.3.1 中国碳价格的预测方法　　194
6.3.2 情景设置　　195
6.3.3 中国碳价格的预测结果　　197

6.4 碳价格约束下能源企业的挑战、机遇与应对措施　　200
6.4.1 面临的挑战　　200
6.4.2 面临的机遇　　203
6.4.3 应对措施　　206

参考文献　　208

Energy Transition to Address Climate Change

应对气候变化背景下的能源转型

第 1 章
国际应对气候变化与能源转型趋势

1.1 全球应对气候变化与能源转型历程
1.2 国际应对气候变化新趋势
1.3 国际能源转型新趋势
1.4 能源转型的主要举措

《巴黎协定》的签订标志着全球气候治理进入新的阶段，由《京都议定书》背景下的"自上而下"气候责任强制分配模式转向了《巴黎协定》背景下的"自下而上"气候责任自主贡献模式。面对全球气候变暖日益增长的风险，为达成2℃甚至1.5℃温控目标，就必须大幅度减少全球温室气体排放量。目前许多国家制定的国家自主贡献（nationally determined contributions，NDCs）为达成《巴黎协定》的温控目标做出了一定贡献。然而，当前各国气候政策的实施仍不足以实现《巴黎协定》的总体目标。在此背景下，中国作为责任大国，主动提高国家自主贡献力度，采取更加有力的政策和措施，二氧化碳排放力争于2030年前达到峰值，努力争取2060年前实现碳中和。中国的承诺有力推动了各国对碳中和的态度，美国、日本、韩国等也进一步明确了各国的碳中和目标。在碳中和目标和绿色复苏的双重推动下，全球能源转型正在发生深刻变化。

1.1 全球应对气候变化与能源转型历程

1.1.1 全球应对气候变化历程

作为人类共同面临的重要挑战之一，气候变暖和极端气候事件等问题亟待解决（董敏杰等，2010）。随着各国对气候变暖问题认识的逐步加深，全球气候治理的政策工具和实际行动也在不断发展和推进，大致可以分为以下五个阶段（于宏源，2020），具体见图1-1。

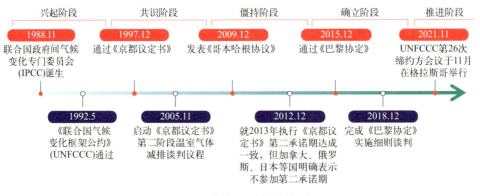

图1-1 国际气候行动倡议发展历程

1.1.1.1　兴起阶段（1988～1997年）

随着环境问题引起的全球气候变暖现象和极端气候事件逐渐增加，学者们纷纷在全球范围内呼吁各国政府重视气候变化对人们生产生活的影响，如何应对气候变化问题已被列入联合国议程。1979年2月，在日内瓦举行了第一届世界气候大会，这次会议首次把气候变化问题作为重要议题来讨论。1985年，菲拉赫气候会议上指出，全球气候变暖的重要原因之一就是温室气体排放，全球各国应当开展合作、共同应对气候变暖问题。1988年，联合国政府间气候变化专门委员会（IPCC）成立，该组织发布的气候变化评估报告是全球气候治理的有力支撑，为各国制订气候行动计划指明了方向。1992年，在里约热内卢举行的联合国环境与发展大会上，各缔约方签署了《联合国气候变化框架公约》（以下简称《公约》）。《公约》提到，全球应对气候变化应遵循"共同但有区别责任"的基本原则，这一原则不仅构建了全球气候治理体系框架，而且为各国在其后开展气候治理合作提供了指导。各国通过一系列国际会议正努力达成共识，认为全球气候变暖问题日益严重，控制温室气体排放问题刻不容缓。

1.1.1.2　共识阶段（1997～2009年）

《公约》是世界上第一个为全面控制二氧化碳等温室气体排放、应对全球气候变暖给人类经济和社会带来不利影响的国际公约，也是国际社会在应对全球气候变化问题上进行国际合作的一个基本框架。而为了进一步就解决气候问题达成一致意见，缔约方各成员于1997年正式签署了《京都议定书》，要求从2008～2012年，主要工业发达国家的温室气体排放量要在1990年的基础上平均减少5.2%。《京都议定书》于2005年正式生效，截至2021年7月，《京都议定书》共有192个缔约方。作为国际社会应对气候变化的第一项强制性减排目标安排，该协议为发达国家和部分发展中国家确定了具有法律约束力的温室气体减排范围、减排时间表和减排量，并建立了三个灵活机制以确保减排目标的实现，即清洁发展机制、联合履约机制和国际排放贸易机制，这标志着全球性应对气候变化共识的达成，具有里程碑意义。

1.1.1.3 僵持阶段（2009～2015年）

COP11（《公约》第十一次缔约方会议）通过了以《公约》和《京都议定书》并行发展的双轨"蒙特利尔路线图"，以此确定发达国家温室气体减排责任谈判进程，并确定应对气候变化所必须采取的行动。2007年COP13通过了里程碑式的"巴厘岛路线图"，决定于2009年在丹麦哥本哈根举行的COP15上通过一份新的《议定书》，以此代替2012年到期的《京都议定书》。2009年，COP15制定了《哥本哈根协议》，该协议维护了《公约》以及《京都议定书》确立的"共同但有区别的责任"原则，就发达国家实行强制减排和发展中国家采取自主减排行动做出了安排，并就全球长期目标、资金和技术支持、透明度等焦点问题达成广泛共识。然而，哥本哈根气候变化大会并未取得预期成果，《哥本哈根协议》也由于各成员方对减排义务的不同理解而并未获得多数成员方的签署，因此该协议不具有法律约束力。此次会议也使得国际气候谈判进入僵持阶段，发达国家和发展中国家在气候治理议题中的分歧逐渐扩大。

1.1.1.4 确立阶段（2015～2021年）

2015年，《巴黎协定》在巴黎气候大会上被各国一致通过，该《协定》提出了各国需要根据自身情况，自下而上提交"国家自主决定贡献"的方案。根据这一规定，各国自行确定减排范围、减排方式和减排时间表等问题，更好地发挥了各国的自主减排能力，更好地体现了"共同但有区别的责任"原则，为全球气候治理开辟了新的政策方向。作为世界上第一个全球性的气候协议，为使《巴黎协定》的内容更具操作性，2018年在波兰卡托维茨举行了联合国气候变化缔约方会议。大会商定了2015年《巴黎协定》执行细则的大部分内容，并通过了一系列规范性文件，进一步明确了《巴黎协定》的减排义务分配制度。《巴黎协定》的通过和一系列规范性文件的提出，标志着全球气候治理法律机制逐步确立，在应对气候变化问题的过程中更具有现实意义。

1.1.1.5 推进阶段（2021年至今）

2020年以来，全球气候变化治理正式进入了一个自上而下运动式治理的新发展阶段。然而，由于新冠病毒感染的流行，国际政治、经济、安全和环境变化的不确定性增加,部分单边主义思潮等因素对全球化进程产生了阻碍,这些都为《巴黎协定》后续实施准则的制定和执行增加了许多不确定性。当前,全球气候治理面临着许多新的挑战,全球气候治理机制发展放缓,随着部分发展中国家和新兴经济体的经济发展,现有全球气候治理制度无法与之相匹配,有待进一步完善。因此,面对复杂多变的国际形势,如何推进这一阶段全球气候治理体系的转型,是各国共同应对气候变化行动的关键。2021年8月,联合国政府间气候变化专门委员会(IPCC)发布了最新气候科学报告《2021年气候变化:自然科学基础》,其中再次提到人类活动是导致极端气候的重要原因。这份报告指出,全球变暖的速度超过了人们的想象,即便温室气体排放量已经大幅下降,但在未来20年内,全球可能还会暂时升高1.5℃。科学家们发出了迄今为止最严重的警告:如果再不采取行动,人类面临的灾难将不可避免。伴随着UNFCCC第26次缔约方会议于2021年11月在格拉斯哥举行,推动全球气候治理体系转型的行动刻不容缓。COP26会议通过了《格拉斯哥气候协议》,就减缓、适应、资金提出了新的目标或举措,并在《巴黎协定》进入实施期第一年之际,终于完成所有条款实施细则的谈判,为各国落实《巴黎协定》提供了规则、模式和程序上的指引。

1.1.2　全球能源转型历程

各类不同视角、对象系统以及具体内容的研究均可被归为"能源转型"的范畴。例如,电动汽车的发展、煤炭的清洁利用、终端能源结构的长期演化(含电能替代)等。目前,仍没有一个被普遍接受的"能源转型"定义。其中,"一次能源结构的长期演化"是被使用最多的定义。

能源转型是一个渐进和长期的过程,学者们根据能源存在形态、新能源在能源消费总量中的比重、主导能源类型等标准对人类社会能源转型的历史进行了阶段划分。学术界的主流观点认为人类社会的能源转型经历了四个时代,即柴薪时代、煤炭时代、石油时代和后石油时代。依次经历了三次转型,分别是指煤炭替代柴薪的第一次能源转型、石油替代煤炭的第二次能源转型,以及正在进行的第三次能源转型。第三次能源转型究竟以哪种能源作为主导能源，目前学者们普遍认为，主导能源将从化石能源转变为可再生能源，所以第三次能源转型代表着可再生能源时代的到来（孙世昌等，2020），见图1-2。

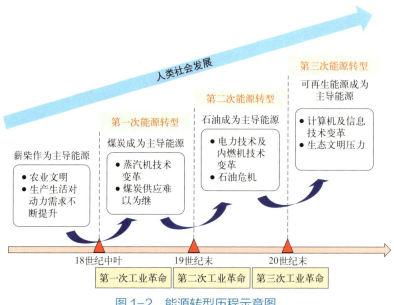

图1-2 能源转型历程示意图

第一次能源转型起源于英国，是从薪柴时代转向煤炭时代。早在1560年前后，英国能源已经开始向煤炭系统转型，到1619年，煤炭消费占比达到最大49.1%，完成转型，领先世界200多年。此后煤炭消费占比持续增长，到1938年达到峰值97.7%。从世界范围来看，大约在1840年以煤炭为主的矿物能源占比达到全球能源消费总量的5%，第一次能源转型至此开启。到1881年左右，煤炭替代薪柴成为第一大能源，人类社会进入煤炭时代。到1913年，煤炭在能源结构中的占比达到峰值70%，随后煤炭份额呈下降趋势，2018年煤炭在全球一次能源消费中的占比为27.2%。

第二次能源转型是从煤炭时代转向石油时代，开始于1913年左右，到1965年石油超过煤炭成为第一大能源，开创了石油时代。石油在能源结构中的占比于1973年达到峰值49.8%，随后不断下降，但在能源结构中仍然处于第一大能源位置。2018年石油在全球一次能源消费中的占比为33.6%。美国是最先进行第二次能源转型的国家，在1910年左右，美国石油消费在能源消费总量中的比例达到5.0%，到1950年，石油消费占比上升至38.4%，成为美国当时占比最大的能源类型，标志着美国完成能源转型。石油在能源结构中的地位快速提升的同时，美国也开启了对天然气资源的开发和利用，到1958年，美国天然气消费在能源消费总量中的比例达到25%左右，超越煤炭成为第二大主导能源。

当前正在进行第三次能源转型，其核心是大力推动可再生能源发展，最终实现从化石能源体系向绿色、可持续的可再生能源体系转变。自20世纪30年代可再生能源占全球一次能源消费总量的比例达到5%以后，可再生能源长期处于缓慢发展阶段。2006年可再生能源在全球一次能源消费中的占比为7.2%，2018年可再生能源在全球一次能源消费中的占比为10.9%。因此，我们目前还处于第三次能源转型的初期阶段。

相比于前两次能源转型，第三次能源转型更加复杂，在能源发展过程中存在经济增长、环境保护和能源转型相互制约、相互制衡的长期矛盾。全球能源结构发展的不均衡性、新能源发展速度的不确定性、关键技术集群的攻关瓶颈、化石能源清洁利用以及与新能源的高效融合程度都有可能延缓第三次能源转型进程。从转型目标来看，"清洁低碳、安全高效"是当前能源转型的主要方向。能源转型方向与能源在经济社会中的角色定位密切相关。过去人类更多关注能源的使用效率和环境影响，因此历次转型均具有"从低效到高效""从高碳到低碳"等特征。

因此，能源转型应该包括两个层次的内容：一是主导能源的转换。即一种能源取代了另外一种能源的主导地位，从而导致能源结构调整。二是能源效率的提高。尽管新能源消费数量的扩大和在消费结构中比重的上升，但并不排斥被替代的能源（旧能源）继续被利用，提高能源效率、追求运行综合效益也将成为未来发展的主要目标。

1.2 国际应对气候变化新趋势

为实现《巴黎协定》目标，全球需要在2050年左右使得净CO_2排放量达到净零值，才有机会将变暖限制在1.5℃以下。这一目标逐渐得到国际社会的认可,越来越多国家将实现碳中和作为其长期气候目标。2020年9月,作为全球最大的CO_2排放国,中国宣布争取在2060年前实现碳中和,在国际社会上"一石激起千层浪",壮大了国际社会从"近零排放"转向"净零排放"的声势。继中国提出碳中和目标后,日本、韩国也先后宣布了碳中和目标。与此同时,气候峰会逐渐成为了各国协商气候目标采取一致行动的重要平台。各类国际联盟也纷纷采取气候行动,成为了推动实现碳中和的重要主体。

1.2.1　各国纷纷提出碳中和目标

1.2.1.1　《巴黎协定》达成后,温控目标逐渐从 2℃转向 1.5℃

在《巴黎协定》中,各国政府同意将本世纪全球平均气温上升幅度保持在2℃以下,并努力朝1.5℃目标靠拢。联合国政府间气候变化专门委员会(IPCC)于2018年10月发布了有关1.5℃目标的报告,得出的结论是,要实现《巴黎协定》的温控目标,全球需要在以下时间表上实现净零排放:在2℃的情景下,2070~2085年,CO_2的平均排放量达到净零;到本世纪末,温室气体排放总量将达到净零排放(IPCC,2018)。而在将温升限制在1.5℃的情景下,CO_2的平均排放量在2050~2052年达到净零排放;温室气体排放总量在2063~2068年达到净零排放(见图1-3)。

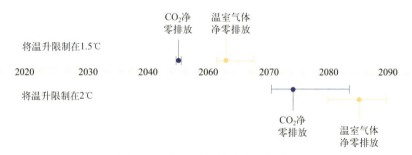

图 1-3　净零排放的全球时间表

数据来源:IPCC,《全球温升1.5℃特别报告》

目前的研究表明,温度升高2℃相对于升高1.5℃,对生态系统或人类社会经济系统的风险显然更高(Chao et al., 2018)。岛屿国家和最不发达国家认为2℃温升的目标不足以避免其受到海平面上升和气候变暖的威胁，于是提出了应该以1.5℃全球平均温升作为控制目标的诉求。同时，IPCC启动了《全球温升1.5℃特别报告》，以进一步提高1.5℃温升的科学认识。2018年10月在韩国仁川召开的IPCC第48届全会上，该报告得到了各国政府的批准和接受。《全球温升1.5℃特别报告》指出，与2℃温升目标相比，1.5℃温升目标能够降低许多不可逆转的气候变化风险，可以减轻陆地、淡水和沿岸生态系统的负面影响，更好地保护其为人类服务的功能。而且气候变化的许多影响，相比温升2℃，在温升1.5℃时具有更低的相关风险，能防止气候发生不可逆的变化。

1.2.1.2　当前各国的努力程度距离实现1.5℃目标仍有着巨大的排放差距

尽管世界各国在《巴黎协定》的约束下实施了一系列气候政策并取得了一定成效，但是这些成效与《巴黎协定》温控目标相符的减排量尤其是1.5℃温控目标相符的减排量之间仍存在巨大的差距。联合国环境规划署发布的第十一份《2020年排放差距报告》（联合国环境规划署，2020）对当前温室气体排放量和预估的未来温室气体排放量的最新科学研究成果进行评估，并将其与全世界通过最低成本路径实现《巴黎协定》目标所允许的排放水平进行比较，这种可能的排放量和我们需要的排放水平之间的差距即是"排放差距"（见图1-4）。

图1-4采用了《全球温升1.5℃特别报告》减缓路径评估的情景，对2030年应达到的温室气体排放量进行了估算，以便与将全球温度升幅控制在特定温度目标的最低成本路径保持一致，清晰地展示了将温度升幅控制在1.5～2℃范围内的路径。《2020年排放差距报告》的国家自主贡献和当前政策情景基于10个建模组提供的最新数据结果表明，如维持当前政策，估计2030年的温室气体排放量将为590亿吨二氧化碳当量。按照2030年实现《巴黎协定》目标的最低成本路径，实现2℃目标的中位数估计值为410亿吨二氧化碳当量，实现1.8℃目标的中位数估计值为350亿吨二氧化碳当量，实现1.5℃目标的中位数估计值为250亿吨二氧化碳当量。如果无条件和有条件的国家自主贡献得以充分实施，与目前的政策情景相比，估计到2030年全球温室气体排放量将分别减少约30亿吨二氧化碳当量和50亿吨

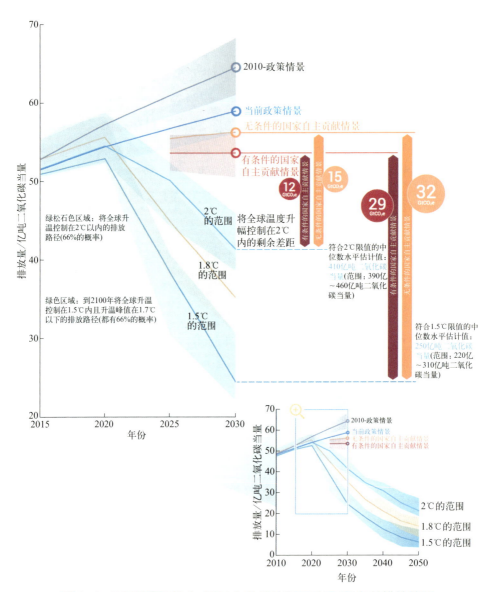

图1-4 不同情景下的全球温室气体排放量及到2030年的排放差距

数据来源：IPCC，《2020年排放差距报告》

二氧化碳当量。

到2030年，在国家自主贡献情景下估计的全球排放总量与在将温度升幅控制在2℃和1.5℃以内路径下估计的全球排放总量间存在很大差距。与温度升幅2℃以内情景相比，估计完全实施无条件的国家自主贡献仍将在2030

年产生150亿吨二氧化碳当量（范围：120亿～190亿吨二氧化碳当量）的差距。实施无条件的国家自主贡献和1.5℃以内路径之间的排放差距约为320亿吨二氧化碳当量（范围：290亿～360亿吨二氧化碳当量）。完全实施无条件的国家自主贡献和有条件的国家自主贡献将把这些差距缩小约30亿吨二氧化碳当量。无条件的国家自主贡献符合本世纪末将温度升幅控制在3.2℃（66%的概率）的要求。如果有条件的和无条件的国家自主贡献都得到充分实施，则此估算值将降低0.2℃。另外，2019年新冠病毒感染流行前的当前政策情景导致排放量到2030年变得更高，如果不加大减排力度，到2100年将使全球平均气温上升3.5℃。

根据气候行动追踪组织（Climate Action Tracker，CAT）数据，在当前政策情景下，2030年全球碳排放在550亿～580亿吨，而中国碳排放在137亿～147亿吨。在2030年，为达到1.5℃目标需要全球减少的碳排放在260亿～290亿吨，达到2℃目标需要全球减少的碳排放在130亿～160亿吨。根据CAT数据，中国2030年碳排放占比在23.6%～26.7%。中国的无条件国家自主贡献目标是，到2030年GDP的碳强度比2005年的水平降低65%以上。若根据中国碳排放在2030年的碳排放占比来确定减排责任，结合《2020年排放差距报告》的碳排放差距数据，中国为实现1.5℃目标需要减少的碳排放在73.16亿～104.13亿吨，而为实现2℃目标需要减少的碳排放在35.4亿～58.74亿吨；若结合CAT的碳排放差距数据，中国为实现1.5℃目标需要减少的碳排放在61.36亿～77.43亿吨，而为实现2℃目标需要减少的碳排放在30.68亿～42.72亿吨。尽管不同渠道得出的碳减排量有一定差距，但可以确定的是，相比2℃目标，1.5℃温控目标需要包括中国在内的国际社会弥合双倍左右的减排量差距，从而付出更为艰巨的努力。

联合国指出，世界需要加强3～5倍的努力才能将气候变化控制在科学所要求的水平——最多上升1.5℃，并避免已经发生的全球气候破坏继续升级。因此，要将气候变化幅度控制在1.5℃以内，需要立即采取更积极的行动，全球能源体系的转型需要大幅加快。1.5℃目标相比《巴黎协定》确定的2℃温控目标，需要全人类付出更加艰辛的努力。如果要将温升限制在1.5℃，那么到2030年，全球人为的二氧化碳排放要比2010年下降45%，并且要在2050年左右达到"净零排放"。但假如温升的上限为2℃，2030年减排幅度只需要达到20%，而实现"净零排放"则是在2075年，相比1.5℃晚20多年。1.5℃目标能否实现，取决于人类社会在能源、土地、城市、基础设施和工业等方面能否实现前所未有的快速且深远的转型，因此各国需要更加强有力的气候政策。

然而当前国际减排进展不尽人意。目前，二十国集团成员国占全球温室气体排放量的78%（United Nations Environment Programme, 2020），在很大程度上决定了全球排放趋势以及2030年排放差距将缩小到何种程度。总体而言，二十国集团成员国没有步入按2019年新冠病毒感染流行之前的预测实现其无条件国家自主贡献承诺的轨道。16个二十国集团成员国中有9个（阿根廷、中国、欧盟27个成员国加英国、印度、日本、墨西哥、俄罗斯联邦、南非和土耳其）有望实现承诺。预计将有5个二十国集团成员国（澳大利亚、巴西、加拿大、韩国和美国）不能实现承诺，因此需要采取进一步行动。

1.2.1.3　世界各国由"近零排放"转向"净零排放"

在世界各国的努力程度距离实现1.5℃温控目标仍有着巨大排放差距的情况下，英国率先提出了碳中和目标，并于2019年6月成为第一个在法律上规定2050年实现碳中和的主要经济体。欧盟也于2019年公布《欧洲绿色协议》阐明实现碳中和的路径，致力于使欧洲成为第一个实现碳中和的大陆。作为最大的二氧化碳排放国和发展中国家，中国宣布实现碳中和目标极大地壮大了国际碳中和的声势。中国国家主席习近平在2020年9月22日召开的第七十五届联合国大会一般性辩论上表示："中国将提高国家自主贡献力度，采取更加有力的政策和措施，二氧化碳排放力争于2030年前达到峰值，努力争取2060年前实现碳中和。"中国对减少温室气体排放的承诺、在新冠病毒大流行后加快全球经济发展的努力，以及中国政府在国际舞台上采取的一系列举措，明确表达了其承担更多全球责任的意愿，而中国的承诺有力地推动了各国对碳中和的态度。紧随其后，日本首相菅义伟计划承诺到2050年，日本将实现温室气体净零排放。在中国和日本相继宣布去碳化目标的背景下，韩国总统文在寅于2020年10月28日在国会发表有关2021年度预算案的施政方针演说，宣布提出在2050年之前使国内温室气体排放为零的目标。

表1-1整理了当前承诺以碳中和作为长期气候目标的国家或地区清单以及其具体目标进度。首先，如表1-1所示，截至目前，一共有130多个国家或地区正在考虑或已经采纳碳中和目标，占全球总排放的60%以上。其中已实现碳中和、已立法、处于立法状态或发布政策宣示文档的国家或地区共有34个，其余大部分国家或地区处于碳中和目标讨论阶段（Energy & Climate Intelligence Unit Net Zero Emissions Race 2020, 2020），其长期目标进度有待推进。其次，绝大多数国家或地区以2050年作为实现碳中和目标的重要节点。各国承诺以实现碳中和作为其长期目标，一方面体现了《巴黎协定》自下而上的气候治理模式得到了贯彻，另一方面也体现了世界各国关于碳中和这一长期气候目标逐渐达成共识。2050年这一目标节点也与实现1.5℃温控目标一致，呼应了全球由2℃转向1.5℃的趋势。

表1-1 国家或地区碳中和目标

措施	目标年份	国家或地区
已实现净零排放	—	苏里南，不丹
在法律中采用净零排放目标	2045	瑞典
	2050	英国，法国，丹麦，新西兰，匈牙利
提案	2050	欧盟，加拿大，韩国，西班牙，智利，斐济
在政策文件中采用净零排放目标	2035	芬兰
	2040	奥地利，冰岛
	2045	德国
	2050	美国，日本，南非，巴西，瑞士，挪威，爱尔兰，葡萄牙，巴拿马，哥斯达黎加，斯洛文尼亚，安道尔，梵蒂冈，马绍尔群岛
	2060	中国，哈萨克斯坦

续表

措施	目标年份	国家或地区
目标讨论中	2030	乌拉圭
	2050	意大利，墨西哥，荷兰，比利时，阿根廷，哥伦比亚，巴基斯坦，孟加拉国，捷克，罗马尼亚，秘鲁，希腊，厄瓜多尔，斯洛伐克，安哥拉，多米尼加共和国，埃塞俄比亚，缅甸，卢森堡，克罗地亚，保加利亚，坦桑尼亚，黎巴嫩，立陶宛，刚果民主共和国，苏丹，拉脱维亚，爱沙尼亚，尼泊尔，乌干达，也门，赞比亚，塞浦路斯，柬埔寨，塞内加尔，特立尼达和多巴哥，巴布亚新几内亚，阿富汗，老挝，马里，牙买加，莫桑比克，马耳他，纳米比亚，毛里求斯，布基纳法索，马达加斯加，尼加拉瓜，亚美尼亚，巴哈马，南苏丹，乍得，几内亚，贝宁，海地，卢旺达，尼日尔，摩纳哥，马拉维，多哥，马尔代夫，毛里塔尼亚，巴巴多斯，索马里，塞拉利昂，圭亚那，利比里亚，吉布提，布隆迪，莱索托，东帝汶，厄立特里亚，中非共和国，佛得角，伯利兹，圣卢西亚，安提瓜和巴布达，冈比亚，塞舌尔，几内亚比绍，所罗门群岛，格林纳达，科摩罗，圣基茨和尼维斯，瓦努阿图，萨摩亚，圣文森特和格林纳丁斯，汤加，库克群岛，密克罗尼西亚，圣多美和普林西比，帕劳，基里巴斯，瑙鲁，图瓦卢，纽埃

注：资料来源于 Energy & Climate Intelligence Unit Net Zero Emissions Race 2020。

1.2.2 气候峰会促进国际间气候合作

自《巴黎协定》签署以来，气候问题在全球范围内引起广泛关注，国际间也多次举办各类气候峰会，如2019年的气候行动峰会、2020年的气候雄心峰会、2021年的IEA-COP26线上净零峰会，以及2021年召开的《生物多样性公约》第十五次缔约方大会（COP15）、《联合国气候变化框架公约》第二十六次缔约方大会（COP26）。以上气候峰会敦促各国提出更具雄心的国家自主贡献目标，呼吁各国加强国际间气候领域合作，以及建议各国制定系统减排措施以实现净零排放。

1.2.2.1　气候峰会敦促各国提出更具雄心的国家自主贡献目标

在2019年9月23日召开的气候行动峰会上,联合国秘书长古特雷斯强调,峰会的核心目标是促进各方雄心,加快执行《巴黎协定》的行动步伐,展示各国在2020年前提升本国自主贡献、在未来10年内将温室气体排放量减少45%,以及在2050年前实现净零排放的具体且切实可行的计划。此次峰会,体现了国际社会提高减排雄心,从"近零排放"转向"净零排放",以及从"低碳转型"转向"脱碳转型"的新趋势。气候行动峰会指出,要将气候变化幅度控制在1.5℃以内,需要当下立即采取更积极的行动。由此,在此次峰会上,有70多个国家承诺在2020年提交更雄心勃勃的国家自主减排贡献(NDCs),还有75个国家或地区承诺在2020年提出实现2050年净零排放的战略;47个最不发达国家(least developed country,LDC)提出在资源允许的情况下,到2050年实现温室气体净零排放的愿景;小岛屿国家联盟(Alliance of Small Island States,AOSIS)的成员集体承诺,在具有必要的策略执行工具条件下,到2050年实现碳中和温室气体净零排放,以及到2020年实现更高的国家自主贡献目标;"欧盟2050战略性长期愿景"提出2050年的目标,即净碳排放量为零、能耗水平达到2005年的一半、电力在终端能源需求中的占比增加一倍、可再生能源电力将超过80%。

在2020年12月12日,即《巴黎协定》通过五周年之际,联合国与英国、法国,以及智利和意大利共同召开了"2020气候雄心峰会"。此次峰会旨在达成全球减排共识,进一步提高各国在气候行动、气候融资,以及气候适应方面的雄心和努力。联合国秘书长古特雷斯表示,目前各国在应对气候变化方面做出的努力不足以兑现《巴黎协定》的承诺,因此古特雷斯呼吁全球领导人宣布国家进入气候紧急状态。目前已有近38个国家做出了这一声明,其中主要是欧洲国家,也包括本次峰会联合主办国中的英国、法国和意大利。

1.2.2.2　气候峰会呼吁各国加强国际间气候领域合作

在2020年气候雄心峰会上,联合国秘书长古特雷斯表示,发达国家必须履行承诺,到2020年年底,向发展中国家提供1000亿美元以应对气候危机，在2021年，突破每年1000亿美元的金额，并继续加大国际公共融资，尤其是进一步加强在气候适应项目上的投融资活动。在此次气候雄心峰会上，中国国家主席习近平在致辞中也对发达国家提出了倡议，希望发达国家能切实加大向发展中国家提供资金、技术、能力建设支持。各国团结一心，开创合作共赢的气候治理新局面。

在2021年3月31日召开的IEA-COP26线上净零峰会中，国际能源署提出要大规模开发和部署一系列气候中性能源技术，实现所有主要能源使用部门快速、可持续的能源转型。而为了加快技术创新速度，就需要更强大、更完善的国际合作协调机制。

1.2.2.3 气候峰会建议各国制定系统减排措施以实现净零排放

在2020年气候雄心峰会上，联合国秘书长古特雷斯强调，全球经济和金融政策必须与《巴黎协定》和可持续发展目标相一致，各国应该着手推进碳价格制定的进程，逐步淘汰化石燃料融资，终止对化石燃料的财政补贴，停止建造新的煤炭发电厂，开始征收碳税，将税收负担从个人和企业的收入转向碳排放，从纳税人转向污染者，将与气候相关的金融风险列为必须的信息公开项目，保证信息透明，将碳中和纳入所有经济和金融政策及决策。无论是私营部门，还是资产所有者，是国际金融机构，还是国家发展银行，各方都应为实现上述目标而做出努力。

1.2.2.4 G7峰会呼吁就气候问题展开国际合作

2021年6月11日～13日，七国集团领导人举行面对面会议，就全球气候治理问题展开讨论。在国家自主贡献方面，G7国家承诺将在2050年实现碳中和，并同意在2030年前集体削减排放量，令温室气体排放量较2010年减少一半。在气候融资方面，G7国家宣称每年将筹集1000亿美元，以此帮助贫困国家减排，同时帮助发展中国家摆脱煤炭，帮助最脆弱国家应对气候变化。在减排技术方面，G7国家将进行技术创新，从而使钢铁、水泥、化工和石化等行业脱碳，还将加快电气化，氢燃料，碳捕获、利用与封存（CCUS），零排放航空和航运领域的进展。然而，G7峰会宣布的旨在抑制全球气温的行动，如提高各国NDCs、摆脱煤炭和气候融资，均未能提供明确的实施计划和时间表。

总体而言，以上会议均体现出国际社会重视气候变化问题，并将致力于应对气候危机，保护全球生物多样性，加快实现《巴黎协定》和《联合国气候变化框架公约》目标。

1.2.3 国际减排联盟规模不断壮大

为推动全球应对气候变化，各层级的参与者通过加入国际联盟，致力于实现碳中和。较为著名的联盟包括：助力弃用煤炭联盟、气候雄心联盟、零排放联盟等。这些联盟自成立起不断吸纳成员，广泛联合政府、企业和非政府组织等各类合作伙伴，动员成员淘汰高碳燃料并停止向高碳能源融资，并采取措施实现绿色转型，最终实现碳中和目标。

1.2.3.1 助力弃用煤炭联盟成员规模扩大，淘汰传统煤电目标取得了显著成效

2017年波恩会议期间，由英国、加拿大等国共同发起成立了"助力弃用煤炭联盟"（Powering Past Coal Alliance，PPCA）（以下简称"弃煤联盟"）。该联盟广泛联合国家政府、地方政府、企业与国际组织，致力于推动由未改良的煤炭发电向清洁能源发电转型。具体而言，其主要目标是：①确保政府和私营部门做出承诺，逐步淘汰现有的未改良的燃煤发电，其中"未改良的"是指未采用任何技术（如碳捕获与储存）显著减少二氧化碳排放；②鼓励在全球范围内停止建设新的、未改良的燃煤电厂；③将投资从煤炭转向清洁能源，包括限制燃煤项目的融资；④以可持续和经济包容的方式实现煤炭淘汰，包括采取对工人和社区的适当支持。PPCA鼓励所有成员支持PPCA宣言，即基于科学依据，为了限制全球变暖以及气候变化的影响，欧盟及经济合作与发展组织（OECD）成员需要在2030年之前关闭"未改良的"燃煤发电厂（unabated coal-fired electricity generation），而其他国家至少需要在2050年之前关闭"未改良的"燃煤发电厂。

该联盟自成立以来影响力迅速上升并取得了显著成效。截至2021年7

月初，其成员数量已经从最初的20多个发展到126个，包括36个国家政府、39个地方政府，以及51个组织。"弃煤联盟"的成员承诺关闭目前正在运行的131吉瓦运转容量，并且已经淘汰了约66吉瓦。此外，通过PPCA成员的努力，OECD已采取计划在2030年之前关闭1/3的煤炭产能。该联盟的成长扩大表明了弃用煤炭得到了越来越多的国际支持，促进全球能源系统向清洁低碳转型是不可抵挡的趋势。

随着国际社会以及国际联盟对于退出煤电的呼声渐高，中国势必成为国际社会关注的焦点。根据"全球煤电追踪"最新数据，截至2021年1月，全球运行中的煤炭装机容量为2059358兆瓦，其中中国占51%。同时，中国也是燃煤电厂最大的公共融资国，根据全球煤炭公共融资追踪数据，截至2021年4月，全球公共融资的燃煤电厂装机容量为53129兆瓦，其中中国约占40%。因此，未来全球能源系统若要进一步深度脱碳，退出使用煤电的进程要取得更进一步的发展，中国的能源转型不可或缺。

1.2.3.2 气候雄心联盟广泛联合各层级的参与者，致力于到2050年实现二氧化碳净零排放目标

智利在2019年气候峰会上提出了气候雄心联盟（Climate Ambition Alliance），该联盟将继续致力于使更多国家和实体提高NDCs目标与准备2050年碳中和策略。气候雄心联盟旨在召集企业、城市、地区、投资者以及其他参与者，以实现健康、韧性以及零碳的复苏，促使经济实现可持续增长。

气候雄心联盟广泛联合各层级的参与者，包括国家、地区、城市、企业和投资者，动员社会各群体聚集在一起，就本世纪中叶的长期温室气体排放发展战略进行沟通，致力于到2050年实现二氧化碳净零排放目标。联盟成员广泛且具有较大影响力。截至2021年7月，该联盟包括所有最不发达国家和少数高排放国家在内的4786个参与者，包括121个国家、31个地区、733座城市、3067家企业和173位投资者及661个组织。此外，欧盟也参与了这一倡议。整体而言，联盟成员占全球CO_2排放量的比例近25%，约占全球GDP的50%。这些参与者都承诺在2050年之前实现二氧化碳净零排放（Climate Ambition Alliance, 2020）。在联合国气候变化和开发计划署的支持

下，该联盟的国家成员由智利和英国领导；而非国家成员则由气候行动高级别倡导者奈杰尔（Nigel）和冈萨洛（Gonzalo）动员参加"Race to Zero"运动，要求成员根据这一运动所制定的标准采取气候行动。

1.2.3.3 零排放联盟致力于加快海上运输的脱碳进程

在2019年气候行动峰会上，零排放联盟（Getting to Zero Coalition）宣布成立，并致力于到2030年，通过开发和部署商业上可行的深海零排放船舶，加快海上运输的脱碳进程。零排放联盟是海事、能源、基础设施和金融领域120多家公司的强大联盟，得到了主要政府和政府间组织的支持。该联盟致力于在2030年之前将以零排放燃料为动力的深海零排放船舶投入运营。

国际航运的排放量占全球温室气体排放量的2%～3%，占全球贸易量的近80%。为了遏制运输中的排放，国际海事组织（International Maritime Organization）提出了一项雄心勃勃的目标，即到2050年，确保运输中的温室气体排放量相较2008年至少减少50%。这将最终使国际航运业的温室气体排放与《巴黎协定》目标保持一致。为了实现这一目标并使全面脱碳成为可能，商业上可行的零排放船舶必须在2030年前开始进入全球船队，并在21世纪三四十年代大幅增加运营数量。除此之外，该目标还需要发展船舶以及未来的燃料供应链，而这只能通过海事行业、能源部门、金融部门以及跨政府组织之间的密切合作和有意识的集体行动来完成。

航运业的脱碳可以成为推动全球绿色发展的引擎。净零碳能源技术成本的下降使替代燃料的生产日益具有竞争力，而同时航运业的脱碳行动可以提高未来燃料供应商朝这个行业方向发展的信心。这将通过供应链使得对零排放燃料的需求增加，也可能成为其他难以减弱行业变革的重要标杆，从而加速更广泛的能源转型。同时从丰富的未开发的可再生资源中提取的新型海洋燃料也可以带来巨大的发展收益。港口和航运已经支撑了许多国家的经济增长，如果航运成为零排放燃料需求的可靠来源，其就有潜力推动发展中国家和中等收入国家能源项目的投资。

1.3 国际能源转型新趋势

1.3.1 能源转型清洁低碳化

从世界能源发展历程分析,人类利用能源经历了从薪柴到煤炭的第一次转型和从煤炭到石油的第二次转型,两次能源转型均呈现出能量密度不断上升、能源形态从固态到液态和气态、能源品质从高碳到低碳的发展趋势和规律。太阳能、水电、核能、生物质能、地热能和氢能等新能源具有清洁、无碳的天然属性。因此,以新能源替代化石能源的第三次世界能源转型具有清洁化、低碳化的特点和发展趋势(邹才能等,2021)。

1.3.1.1 全球能源处在向"清洁低碳时代"迈进的转型期

18世纪前人类只限于对风力、水力、畜力、木材等天然能源直接利用,特别是木材在世界一次能源消费结构中长期占据主要地位。18世纪后期,封建制度瓦解推动了商品经济迅速发展,木材的使用开始不能满足大规模商品生产的需要,由此引发了人们对新能源物质的追求。煤炭伴随蒸汽机的推广而得到大规模应用,并引发各领域技术创新与相关产业兴起,从而产生了第一次工业革命。1860年煤炭在世界一次能源消费结构中占24%,1931年占比达到70%的峰值。19世纪末期内燃机的发明成为继蒸汽机之后又一次交通运输动力的革命。内燃机需要使用大量石油,由此推动了石油开采业和石油化学工业的发展。此后以内燃机为动力的内燃机车、远洋轮船、飞机等交通工具不断涌现,石油工业进一步发展。1965年,石油首次取代煤炭成为第一大能源,世界进入"石油时代"。以煤炭、石油为主的传统化石能源为人类社会发展做出了巨大贡献,但伴随着高消费量出现的高碳排放量,使得生态破坏和环境污染问题开始显现。在此形势下,天然气、太阳能、风能、水能、地热能等清洁能源的利用规模开始增长,世界一次能源消费结构向低碳方向演变。多家机构预计2025~2030年天然气将超过煤炭成为全球第二大能源,2030~2035年非化石能源将与石油、天然气、煤炭形成"四分天下"

格局，人类将进入非化石能源与天然气主导的"清洁低碳时代"。

从能源发展的历史看，人类社会已完成了两次能源转型：第一次转型是煤炭取代薪柴成为主体能源，人类由此进入"煤炭时代"；第二次转型是石油取代煤炭成为主体能源，人类由此进入"石油时代"。从发展趋势看，人类正在进行从"石油时代"向"清洁低碳时代"转型的第三次能源变革。因此，四个阶段、三次转型构成了迄今为止人类社会的能源发展历程（罗佐县等，2019）。

1.3.1.2 全球能源生产和消费结构快速向以低碳、清洁为特征的绿色新能源方向发展

长期以来，世界能源消费过度依赖化石能源，导致资源紧张、气候变化、环境污染等问题日益突出，严重威胁人类生存发展，形势十分严峻。同时，化石能源在生产、运输、消费的过程中对周围环境也会产生严重污染和破坏。随着全球经济增长和世界人口增加，能源需求将持续增长，建立在化石能源基础上的传统能源发展方式已难以为继。与化石能源储量贫乏相对应的是，全球水能、风能、太阳能等清洁可再生能源资源非常丰富，开发潜力巨大。随着技术进步及新材料的应用，风能、太阳能、水能等清洁可再生能源开发效率不断提高，技术经济性和竞争力逐步增强，加上储能技术的快速发展，清洁可再生能源可成为世界主导能源，逐步实现对化石能源的替代，在2050年前后形成以清洁能源为主、化石能源为辅的格局。

具体而言，全球去煤化进程加快具有普遍性。首先，考虑到可再生能源发电成本不断降低、发电量不断增加以及各国对环保要求的提高，当前到2050年全球煤炭需求将逐年下降，发达国家煤炭需求占比下降力度更大，未来煤炭消费的增长主要集中在发展中国家，但其占比也将处于下降趋势。其次，天然气进入快速发展期。绿色低碳发展理念成为全球发展共识之后，天然气市场呈持续快速发展态势，天然气在发电、工业、民用、交通领域消费需求将保持不同程度的增长。到2050年全球天然气需求将达到6.1万亿立方米。2015～2050年，天然气需求年均增速达1.1%，其中发电和工业领域消费需求量及增量最大，需求量分别达到2.5万亿立方米和1.7万亿立方米，需求增量分别达到1.2万亿立方米和7890亿立方米，占全球天然气需求增量的44%和28%。最后，非化石能源将逐渐成为主体能源。在国际社会对加强

能源安全、保护生态环境、应对气候变化等可持续发展问题日益重视的大背景下，非化石能源已成为全球主要经济体能源转型的核心。中国石化经济技术研究院预测，在当前政策情景下，预计到2030年、2040年和2050年，全球非化石能源消费量将分别达48.4亿吨标准煤、60.0亿吨标准煤和71.2亿吨标准煤（季晓勇，2020）。

与此同时，我们需要清晰地认识到，石油、天然气在相当长时期内仍将是主导能源。人口和经济增长以及人们对更高生活水平的追求是能源需求持续增长的根本动力。根据联合国的预测数据，2050年全球人口接近100亿，增长主要来自发展中国家；全球GDP预计将超过200万亿美元（按2010年美元不变价），是当前水平的2.7倍，发展中国家所占比重将进一步提升。目前，世界上仍然有30亿人口还在使用薪柴作为燃料，解决能源贫困仍面临非常大的挑战。石油、天然气将继续在解决能源贫困、推动欠发达国家工业化进程以及发达国家人民追求更高生活质量中发挥重要作用，能源需求是油气继续增长的根本动力。预计到2050年，世界一次能源需求将达182亿吨油当量左右，较2015年增长约36%，年均增长0.87%，亚太和非洲地区将是能源需求增量的主要贡献地区。首先，按照当前的技术发展趋势，预计到2050年前可再生能源等新能源还不具备支撑世界经济发展所需的能源规模，预计届时石油、天然气仍将占据全球一次能源消费的一半以上。其次，天然气与可再生能源融合发展是能源转型最可行的解决方案。天然气是化石能源中唯一的低碳、清洁能源，其特点是资源丰富、高效优质、使用便利，具有可获得、可承受、可依靠、可持续的优势。在清洁性方面，天然气在燃烧过程中基本不排放二氧化硫，排放的氮氧化物比煤炭低60%、二氧化碳比煤炭低50%。在资源潜力方面，2007～2017年全球天然气证实储量年均增长1.7%，2017年达193.5万亿立方米，储采比达52.6，高于石油储采比50.2。考虑到可燃冰技术的突破和商业化发展，天然气资源潜力巨大。天然气是通向未来能源的桥梁，可再生能源的波动性、间歇性，需要天然气调峰电站配套；可再生能源时空分布的碎片化特征适合发展"天然气+可再生能源"的分布式能源体系；整合电热、冷气等多能互补的集成能源体系，需要天然气与可再生能源融合发展。国际大石油公司正在加大天然气投资力度，其天然气产量占比逐年上升，已从2007年的35%上升到2017年的43%，预计2027年将上升至47%左右。中国石油天然气集团有限公司（简称中国石油）也在大力提升天然气产量占比。2012～2017年，中国石油的国内天然气产量在油气生产总量中的占比提高了8个百分点，达到45%，预计2030年将达到56%左右。液化天然气（LNG）的不断发展将打破当前世界三大区域性天然气市场和价格体系，逐步形成统一开放的全球性市场和价格机制，有助于促进天然气全球贸易的发展。当前LNG发展面临两大挑战：一是LNG定价机制不透明、与油价挂钩，对全球LNG贸易的健康发展形成束缚；二是有目的的限制条款和长期贸易合同中的"照付不议"条款限制了LNG产业的灵活性。应对LNG发展面临的挑战需要供需双方加强合作，逐步推动形成公开透明的价格机制和完善健全的区域及全球性交易市场（周吉平，2019）。

1.3.2 能源转型多元化

能源多元化转型是应对气候变化以及实现碳中和的关键。目前世界范围内，风能、太阳能技术的发展应用不断取得新进展；氢能具有广阔发展前景；储能技术专利剧增，但主要集中于电池技术。

1.3.2.1 太阳能和风能成本快速下降，填补了煤电退出后能源供给的空缺

风能、太阳能是可再生能源领域中最成熟、最具大规模应用潜力的能源之一，其发展应用不断取得新进展。风能方面，随着风电相关技术不断成熟、设备不断升级，全球风电行业得到迅速发展。根据全球风能委员会发布的《2021年全球风能报告》（Global Wind Energy Council，2021），2020年全球风电新增装机量93吉瓦，同比增长53%；累计装机量已达到743吉瓦，帮助全球减少了超过11亿吨的二氧化碳排放。报告指出，由于技术创新和规模效应，全球风电市场规模在过去十年几乎翻倍，成为最具成本竞争力和韧性的电力来源之一。其中，海上风电成为了新的增长点。根据全球风能委员会发布的数据，2020年全球海上风电新增装机量超过6吉瓦，累计装机量超过35吉瓦，在过去5年中增长106%，帮助全球减少了6250万吨的二氧化碳排放（Global Wind Energy Council，2020）。

另外，根据《2021全球电力评论》（Ember，2020）报告，2020年风能和

太阳能发电量同比增长达15%(314太瓦·时),在全球电源结构中的占比接近1/10(9.4%)。2020年,全球燃煤发电量同比下降了4%(346太瓦·时)。全球煤电的下降量与风能和太阳能的增长量相近,可见风能和太阳能的发展填补了煤电下降的空缺。

根据国际可再生能源署发布的《2020年可再生能源报告》,风能和太阳能将在未来十年更具成本优势。如图1-5所示,当前陆上风电与太阳能光伏发电均化成本大致在化石燃料发电成本范围内,说明二者相较化石燃料并未存在显著的成本劣势。而根据预测,到2030年,太阳能和风能发电成本将显著下降,尤其是太阳能光伏和海上风电,将分别下降58%和55%,从而相对化石燃料的发电成本优势将进一步提升。

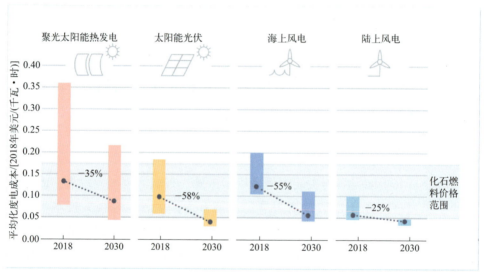

图1-5　风能及太阳能成本趋势

资料来源:国际可再生能源署(International Renewable Energy Agency, IRENA),
《2020年可再生能源报告》

1.3.2.2　氢能具有广阔发展前景,发展低碳制氢技术并降低其成本对低碳能源转型至关重要

根据《世界能源发展报告(2020)》,氢能的主要开发方式是氢燃料与核聚变发电。虽然可控核聚变技术研究仍未成熟,但氢燃料得到了迅速发

展。"电网、气网、氢网"的三网融合将组成世界能源网络新结构，氢能将成为实现多能互补、能源有效转换的核心枢纽，具有广阔的发展前景。然而，目前全球大部分氢的生产主要通过天然气重整制氢和煤气化制氢等排放密集型技术来实现。低碳制氢（蓝氢、绿氢）技术主要包括将常规制氢技术与碳捕获、利用与封存（CCUS）集成以及通过电解水制氢。根据国际能源署的《全球氢能进展报告》，"绿氢"（电解氢）价格昂贵，目前为每千克3.5～5欧元，远高于通过化石燃料制成的高碳"灰氢"（1.5欧元/千克），从而限制了绿氢的大规模应用。发展低碳制氢技术并降低其成本对低碳能源转型至关重要。麦肯锡发布的《2021年全球能源展望》认为，绿氢将在未来10年更具成本竞争力，氢能的发展也将进一步改变能源需求及供应的新格局。

1.3.2.3 储能技术专利剧增，但集中于电池技术

储能技术是现代能源体系建设的重要组成。风能和太阳能等新能源具有可变性、间歇性和随机性特征，随着可再生能源发电占比提升，平滑可再生能源发电对储能技术提出了更高的要求。当前，储能技术研究正在加大力度攻关突破，电池回收、电动航空、液流电池、薄膜电池以及固态电池改进等正在成为推动储能技术应用的主流技术（唐新华，2021）。根据欧洲专利局和国际能源署联合发布的《全球电池和电力储能技术创新专利分析》报告，电池和储能领域的专利申请在2005年以后年均增长率达到14%，远超所有技术领域专利申请平均3.5%的年增长率。根据该报告内容，2018年电力储能相关专利80%以上是电池技术，其他电力储能技术（如机械储能和热储能）则发展停滞。

1.4 能源转型的主要举措

面对不断变化的国际气候治理与碳减排趋势，世界各国纷纷调整其长期气候目标和碳减排政策。碳减排政策的调整无疑会对各国能源发展规划产生巨大影响。伴随着各国碳中和目标的提出，优化能源结构、提高能源效率、

超前部署低碳技术以及大力促进气候投融资成为目前各国能源低碳转型的最新动向。

1.4.1 优化能源结构

大力发展可再生能源、降低传统化石能源占比、实现优化能源结构成为推动各国能源系统转型的主要措施。

1.4.1.1 欧盟能源系统低碳转型的行动

《欧洲绿色协议》为欧盟能源转型做出了方向性规定，要求进一步提高可再生能源占比。目前，按照《欧洲绿色协议》的规划，欧盟持续推进能源结构转型。欧盟将发展可再生能源放在能源结构低碳转型的核心。当前，欧盟的可再生能源指令将可再生能源目标定为：截至2030年，可再生能源占比至少达32%。作为《欧洲绿色协议》的一部分，欧盟委员会（以下或简称欧委会）2020年9月提议，将欧盟2030年温室气体减排目标（包括减排量和清除量），基于1990年排放水平，至少提升至55%。该提案着眼于各行业部门需采取的行动，包括提高可再生能源占比。为了适应新的排放目标，欧盟或将于2023年对当前32%的可再生能源占比目标进行上调，并出台针对不同行业的具体措施以实现更高的可再生能源占比目标。此外，欧盟也计划增加可再生能源的发电量。欧盟提出，到2050年，超过80%的电力将来自可再生能源（欧盟长期战略愿景，2020）。

根据气候目标和能源转型目标，欧盟国家在淘汰化石能源上也做出了相应的努力。在化石燃料的使用问题上，欧洲各国政府陆续公布了淘汰煤炭的时间表。第一个结束使用燃煤的欧洲国家为比利时，该国于2016年停止使用煤炭。2020年，奥地利和瑞典相继关停各自国内最后一座燃煤电厂，正式结束燃煤发电历史。预计到2025年或更早，葡萄牙、法国、斯洛伐克、英国、爱尔兰和意大利等国将结束煤炭使用，随后到2030年，希腊、荷兰、芬兰、匈牙利和丹麦等国也将终止使用煤炭。另外，各成员国根据国情制定了各自的国家可再生能源行动计划和支持政策，其中绝大多数支持政策集中在发电行业，包括上网电价、溢价补贴、差价合约、绿色证书等。

1.4.1.2 美国能源系统低碳转型的行动

针对日益严峻的全球气候变暖危机,美国政府承诺,美国将在2035年实现能源产业零碳污染目标。为了实现这一目标,美国政府也颁布了一系列行政命令以推动美国能源结构转型。

首先是限制化石能源开发和经营。美国政府撤销了美国与加拿大于2019年3月签署的Keystone XL输油管道经营许可证,并签署了有关美国公共领地和离岸海域石油和天然气开放项目的行政命令,该命令要求停止租赁公共领地和离岸海域进行油气资源开发项目,要求内政部部长调整在公共领地和离岸海域开发的煤炭、石油、天然气等化石能源的相关特许权使用费,并采取相应措施以应对当下化石能源开发所造成的气候变化影响。

其次是停止化石能源补贴。美国政府签定了以化石能源补贴为主要整改对象的行政命令,该命令要求识别和鉴定相关机构所赞助的化石燃料资源开放项目,并上报给管理预算办公室主任以及全国气候顾问,以确保联邦所拨款资金无法直接用于化石能源补贴。美国政府将致力于把化石能源补贴从2022年的财政预算额中扣除,并计划长期推行这一政策。

最后是调整基础设施建设。美国政府签定了重建基础设施以实现可持续经济的行政命令,该命令促进了建筑、制造、工程和技术行业的能源转型,以此确保每项联邦基础设施投资能减少气候污染,并以一种环境可持续的方式,促进了符合联邦设定以及许可程序的清洁能源传输项目。在建筑与基础设施领域,美国政府计划在4年内升级400万栋建筑,并对200万户家庭的住所进行改造,到2030年为所有新建商业建筑制定净零排放标准,到2035年将全国建筑存量的碳足迹减少一半。在电动汽车充电方面,美国政府计划在2030年前建立一个由50万个新能源汽车充电桩组成的全国性充电网络,通过保障电动汽车基础设施配套,加速开发和部署电动汽车充电技术和基础设施,从而大力推广电动汽车,减少燃油汽车的市场占有率,为2030年实现全电动汽车的未来愿景而努力。

1.4.1.3 日本能源系统低碳转型的行动

日本提出碳中和目标后,发布《绿色成长战略》作为其实现去碳化社会的草案。《绿色成长战略》确定了14个具有高增长潜力、有利于实现2050年碳中和目标的行业，其中针对4个能源领域的产业提出了具体的发展目标。可见日本将大规模使用可再生能源、恢复核电的使用、部署新技术作为实现碳中和目标的重要手段。表1-2总结了日本《绿色成长战略》能源领域发展的具体目标。

表1-2　日本《绿色成长战略》能源领域发展目标

项目	具体目标
海上风电	到2030年安装10吉瓦海上风电装机容量，到2040年达到30～45吉瓦； 在2030～2035年将海上风电成本削减至8～9日元/（千瓦·时）； 到2040年风电设备零部件的国内采购率提升到60%
氨燃料	计划到2030年，实现氨作为混合燃料在火力发电厂的使用率达到20%； 在东南亚市场进行市场开发，计划吸引5000亿日元投资； 到2050年实现纯氨燃料发电
氢能	到2030年将年度氢能供应量增加到300万吨，到2050年达到2000万吨； 力争在发电和交通运输等领域将氢能成本降低到30日元/米^3，到2050年降至20日元/米^3
核能	到2030年争取成为小型模块化反应堆（SMR）全球主要供应商，到2050年将相关业务拓展到全球主要市场地区（包括亚洲、非洲、东欧等）； 到2050年将利用高温气冷堆过程热制氢的成本降至12日元/米^3； 在2040～2050年开展聚变示范堆建造和运行

注：资料来源于Solarbe索比光伏网。

日本能源行业的二氧化碳排放量约占总排放的40%，远远超过其他行业。因此，日本认识到要实现碳中和必须调整能源结构、推动能源系统脱碳转型。2020年上半年，日本太阳能、水能、风能、地热能、生物质能等可再生能源发电量约占总发电量的23.1%，核能发电占比只有约6%，剩下的约70%都来自煤炭、石油、天然气等化石能源。为了实现能源系统低碳，《绿色成长战略》制定了能源结构优化的目标。具体目标包括：到2050年日本发电量的50%～60%将来自可再生能源，30%～40%由核电、火力发电（使用CCUS技术）提供，另外10%则由氢气和氨气发电构成。

1.4.2　提高能源效率

提高能源效率不仅可以减少排放，而且能在保证能源安全的前提下促进经济增长。通过完善能效法律体系、推行正确的能效政策使得各国可以在不采用新技术的情况下实现大量减排。

1.4.2.1 欧盟修订能源效率指令，确定能效新目标

为了促使欧盟各国共同致力于实现能效目标，欧盟定期修订能源效率指令。当前欧盟实行的能源效率指令为2018年的修订版本，除了规定截至2030年实行32.5%的能效目标外，欧盟国家在2021～2030年，每年需节约0.8%的终端能源消费（塞浦路斯和马耳他除外，这两个国家的相应指标为每年0.24%）。另外，该能源效率指令的具体内容还包括：

通过给予消费者（特别是居住在带有集体供热系统的多户公寓楼的消费者）更清晰的权利，以便更频繁获取更有用的能源消费信息，使消费者能够更好地理解和控制其取暖账单，强化个人计量和热能计费的规则；要求成员国制定透明、公开可用的国家法规，分配多户公寓和多用途建筑物的集体供暖、制冷和热水系统消耗的成本；破除现有的市场、行为和监管壁垒，以提高能源供应安全，增强欧盟工业的竞争力，减少消费者的能源费用和社会的健康成本，从而解决能源贫困问题，并挖掘能效对经济增长和就业的积极影响。

欧盟《2030年气候与能源政策框架》目前的能效目标为，截至2030年，能源效率至少提高32.5%。为了适应2020年9月提出的温室气体净排放至少削减55%的新目标（原先为40%），欧盟将进一步更新能效目标，计划于2023年出台相关提案。根据《欧洲绿色协议》，欧委会将进一步对能源效率指令进行评估和修订。

1.4.2.2 日本通过完善节能与能效法律体系提高能源效率

作为一个能源资源匮乏国家，日本一直非常重视节能和能效管理。为了提高能源效率，减少经济增长对于能源的过度依赖，日本政府从1973年第一次世界石油危机开始就出台了一系列法律法规，构建了完整的监管体系。

日本政府构建并不断完善节约能源和提高能源效率的法律体系。该体系由三类法律构成：第一类是以《关于能源使用合理化的法律》为代表的基础性法律；第二类是以《资源有效利用促进法》为代表的综合性法律；第三类

是以《家用电器循环法》和《食品循环法》为代表的针对某类或某种产品的法律。这些法律既相互关联又各有侧重，从不同层面对节约能源做出法律规定，规范了企业和公民的行为，构建了一个完整的节能法律体系。

此外，日本还拥有一个健全又有效的节能监管体系，该体系从内到外由三层构成：第一层是政府管理部门，主要是指日本经济产业省的自然资源厅下设的能源节约与可再生能源局（处）和相关的组织机构。第二层是由政府主导的节能专业服务（研究）机构，主要有节能中心（ECCJ），负责信息搜集、推广和专业技术培训考核工作；日本新能源和产业技术综合开发机构（NEDO），主要负责研发，负责整合多方力量进行基础性研究，帮助解决企业和社会发展过程中遇到的问题；日本能源经济研究所（IEEJ），主要负责国内外能源动向研究与战略研究，是能源决策的智囊。第三层是各个大型用能企业或机构的专业能源管理师。这三层监管机构完整覆盖了从企业到政府决策的各个环节，为高效制定和执行节能政策及政府获取企业信息提供了一个有效的系统（朱彤等，2018）。

1.4.3　超前部署低碳技术

尽管太阳能、风能是快速发展的领域，但其他用于使能源脱碳的技术，包括碳捕获和封存（carbon capture and storage，CCS）、先进的核能和先进的生物燃料，进展却较慢，并且在很大程度上仍未开发。随着碳中和目标的提出，各国开始加快能源脱碳技术的开发和部署，并将低碳技术升级作为有效应对气候变化的核心。

1.4.3.1　欧盟在低碳技术领域进行了前瞻性的谋划布局

欧盟战略能源技术计划（The European Strategic Energy Technology Plan，SET-Plan）是通过以快速且具有成本竞争力的方式开发低碳技术来促进向气候中性能源系统过渡的关键基石。欧盟将SET作为顶层设计的综合性能源科技战略，统筹协调欧盟能源技术研发创新活动，开展十大研究与创新优先行动，解决能源转型系统问题。具体而言，这十大研究与创新关键行动领域分别为：①将可再生能源整合入能源系统；②降低技术成本；③新技术以及客户服务；④能源系统的安全与韧性；⑤建筑的新材料与技术；⑥工业能源效率；⑦提升在全球电池行业和电动汽车的竞争力；⑧可再生燃料和生物能源；⑨碳捕获与封存；⑩核能安全。

在"地平线欧洲"计划（欧洲的2021～2027年研究和创新计划）中，委员会提出1000亿欧元预算中的35%将用于投资气候相关目标，开发具成本效益的创新型解决方案。为具高风险的颠覆式创新提供资金是欧洲创新委员会的目标，该委员会重点关注全新的突破性产品、服务和流程。欧洲创新与技术研究所也将继续支持年轻的创新者和初创企业。欧盟在《欧盟建立繁荣、现代、具有竞争力和气候中性的经济长期战略愿景报告》中指出，欧盟研究的重点放在变革性的温室气体中和解决方法上，涉及的领域如可再生能源、智能网络和电池、氢和燃料电池、能源储存、能源密集型产业的碳中和转型、循环经济、生物经济、农业和林业的可持续发展实践。

1.4.3.2　美国高度重视能源技术，大力推进清洁能源技术研究

美国致力于推动技术进步，具体表现在美国能源部（DOE）制定了一系列的绩效目标，并利用美国大学、企业和国家实验室的各种专业知识及人才，加速顶尖关键技术的研发（例如氢能、核能、CCUS和储能技术），以上措施将确保美国在制造净零碳技术方面的领导地位，并有助于全世界的可持续发展。

为促进氢能技术快速发展，美国公布《氢能项目计划》。美国能源部于2020年11月公布了《氢能项目计划》，为其氢气研究、开发和示范（RD&D）活动提供了战略框架，加强了能源部致力于开发氢能技术的承诺，并强调了能源部内部以及与行业、学术界和各州的利益相关者进行合作以实现该目标的重要性。《氢能项目计划》指出，美国政府将致力于氢能全产业链的技术研发，并加大示范和部署力度，以期实现产业规模化。根据美国国家实验室预测，到2050年，美国本土氢能需求将增至4100万吨/年，约占未来能源消费总量的14%。

为鼓励核能创新，美国投入大量研发资金。美国参议院拨款委员会发布《2021财年能源和水资源开发拨款法案草案》，根据该草案，美国能源部核能和铀资源项目将获得15亿美元拨款。燃料开发方面，事故容错燃

料（ATF）开发项目和三层各向同性包覆颗粒燃料（TRISO）市场化项目分别获得1.15亿美元和1000万美元拨款。DOE先进堆概念开发项目获得1.97亿美元，其中1亿美元用于正在进行的监管框架开发、设计和部署工作。先进堆示范项目则获得2.8亿美元，多功能试验堆（VTR）项目将获得4500万美元。

为促进CCUS技术进步，美国于2020年年底公布《碳利用计划》，以此支持CCUS项目研发。美国能源部化石能源办公室宣布在《碳利用计划》下投入1700万美元支持11个项目研发，以开发和测试利用电力或其他工业排放的二氧化碳转化为高价值产品的技术。其中，700万美元用于合成高价值有机产品，200万美元用于生产固体碳产品无机材料，600万美元用于将碳捕获与藻类生产结合，200万美元用于无机材料生产，即最大化提高混凝土和水泥CO_2吸收量。

为加快储能技术发展，美国能源部于2020年12月发布《储能大挑战路线图》，为美国储能技术的未来发展指明了方向。路线图确定了美国2030年及以后的储能应用、优势和功能要求，确定了成本和性能目标，其中包括：到2030年，长时固定式储能应用的平准化成本将比2020年下降90%；固定式储能的其他新兴应用包括为偏远社区服务、提高设施灵活性、提高网络弹性以及促进电力系统转型，到2030年，300英里（1英里＝1609.344米）电动汽车的电池组制造成本为80美元/（千瓦·时）；储能大挑战（Energy Storage Grand Challenge, ESGC）确保储能技术能够经济高效满足特定需求，并在其中整合了不同类别的技术，包括电化学储能、机械储能、储热、灵活性发电、柔性建筑和电力电子。

1.4.3.3　日本持续推进氢能与燃料电池技术

福岛核事故之后，民众对核电情绪恶化，日本对化石燃料进口的需求激增，几乎每年都使日本的贸易收支出现赤字。民众对于政府重启核电的反对声浪、日本减少能源依赖和对于减少二氧化碳排放的承诺，迫使日本加快寻找安全的替代能源。日本将氢能作为应对气候变化和保障能源安全的一张王牌，将氢能规划上升到国家战略高度。为此日本于2017年12月底公布了"基本氢能战略"，制定了建设"氢能社会"的战略目标，主要目的是实现氢能与其他燃料的成本平价、建设加氢站、替代燃油汽车（包括卡车和叉车）、天然气和煤炭发电、发展家用热电联供燃料电池系统，重点推进可大量生产、运输氢的全球性供应链建设。

2019年9月，日本政府出台《氢能与燃料电池技术开发战略》，确定燃料电池、氢能供应链、电解水产氢3大优先研发技术领域。具体技术战略如表1-3所示。

表1-3 日本《氢能与燃料电池技术开发战略》所规划的优先研发技术领域

技术领域	重点研发项目	具体内容
燃料电池	车用燃料电池	开发低铂含量催化剂、非铂催化剂；高质子导电性、低气体渗透性和高耐久性的电解质膜开发；开发低电阻率、高孔隙率的气体扩散层，提高气体扩散性；低成本、高耐久性隔膜开发；开发能够在低温环境中保持性能的催化剂、载体、电解质膜等；开发能够在极端环境下运行的燃料电池及其组件
	固定式燃料电池	开发发电效率超过65%的燃料电池堆和系统；提高电池堆耐久时间（13万小时以上）和缩短启动时间；提高电池系统燃料的利用率；开发可适应多样化燃料（如沼气）的电池堆；燃料电池构成部件连续制造工艺的技术开发；燃料电池能源管理系统的开发；燃料电池系统加速老化试验和模型的建立
	辅助设备（如储氢罐）	减少移动式氢气存储罐中碳纤维的使用数量，提高容器制造工艺效率；与燃料电池系统有关的辅助设备的系统优化和低成本开发技术；除汽车以外的燃料电池应用技术开发
氢能供应链	大规模制氢	提升利用褐煤气化产氢效率，以降低成本；电解水产氢装置的放大技术
	氢气存储运输技术	提高氢液化的效率；低温氢气压缩机的开发；用于氢能发电的氢冷升压泵的开发；装载臂的大型化、低成本技术开发；开发与氢气海上输送及陆地存储适应的绝热系统；在极端低温情况下的材料开发及评价技术；提高氢化/脱氢催化剂性能并降低甲苯含量；利用废热实现低成本、低碳化的制氢工艺

续表

技术领域	重点研发项目	具体内容
氢能供应链	氢能发电	开发与环境性（低氮氧化物）和氢燃烧特性相对应的、可实现高效率发电的燃烧器；利用来自发电设施的废热，提高从诸如氨之类的氢载体进行脱氢反应的效率并降低成本
氢能供应链	加氢站	通过远程监控对加氢站运行进行无人化管理；获取通用金属材料的储氢特性数据；开发延长蓄压器寿命和新的检查方法；进一步提高软管和密封材料的耐用性；开发新的填充协议（缓和氢供给温度等）；基于通用数据的分析结果，将加氢站各设备的规格和控制方法标准化；高效率、低成本压缩机研究；液态氢气压缩泵的开发；容量大且质量轻的容器开发；容量大、耐久度强的储氢材料开发和生产技术的确立
电解水产氢	电解水产氢技术	① 质子交换膜电解水装置。提高电流密度（安培/厘米^2）；降低能源消耗量（千瓦·时/标立方米）；降低设备成本（日元/千瓦）；降低维护成本[日元/（标立方米/时）/年]；降低劣化率（%/1000小时）；降低催化剂的金属使用量（毫克/瓦）；提高负荷变动时的电极耐久性（固体氧化物电解单元）。 ② 碱性固体阴离子交换膜电解水装置。阐明电解质材料和催化剂材料劣化机理并提高耐久性；提高电池堆效率和耐久性。 ③ 固体氧化物燃料电池。提高单元电池堆栈的耐久性；低成本电池堆栈开发技术。 ④ 通用的电解水技术。电解水反应分析及性能评价等基础技术的开发；包括电解水装置在内的系统优化；提高甲烷化装置的效率、降低成本和提高耐用性
电解水产氢	产业应用	对无二氧化碳排放的氢气燃料作为替代能源的经济合理性开展探讨；探索炼钢过程中氢气利用潜力；挖掘在现有管道中注入和利用氢气的潜力
电解水产氢	新型光解水产氢技术开发	高效率的电解水；人工光合作用、用于提升氢气纯化精度的高性能氢气分离渗透膜研发；创新的高效率氢液化机开发；长寿命液氢存储材料开发；低成本高效的创新能源载体开发；小型、高效率、高可靠性、低成本燃料电池的革新技术开发；利用氢气和二氧化碳合成化学品的方法开发

注：资料来源于日本《氢能与燃料电池技术开发战略》。

1.4.4 大力促进气候投融资

投融资是经济体转向净零排放、应对气候变化的关键。在全球范围内，投资者承受着越来越大的放弃煤炭这一污染最严重的化石燃料的压力，并转而使用更绿色的能源。

1.4.4.1 国际气候投融资的发展

在2019年气候行动峰会上，德国承诺到2020年，由2014年每年20亿欧元的预算增加到每年40亿欧元；英国计划在未来五年内将用于应对气候变化的总资金增加一倍（至116亿英镑）；印度尼西亚将建立专门的环境资助机构；欧盟在下一个财政预算中至少有25%将用于与气候有关的活动；新西兰、法国、卡塔尔、斯洛伐克、冰岛、挪威、荷兰、比利时、匈牙利和中国提到将筹集/动员气候资金。2021年5月28日美国政府提出2022年预算提案，要求超过360亿美元用于应对全球气候变化，新投资主要集中在清洁能源、气候、可持续性研究以及改善水基础设施方面。

一些国际组织也做出了行动，例如欧洲投资银行（EIB）旨在通过EIB融资在未来十年内释放超过1.1万亿美元的气候行动和环境投资，到2025年，欧洲投资银行有50%的资金将用于气候行动和环境可持续发展相关投资；到2020年年底，欧洲投资银行将使其所有融资活动与《巴黎协定》的目标保持一致。非洲开发银行（AfDB）决定到2025年，气候融资将增加一倍，达到2500万美元，其中49%将用于气候适应；启动"沙漠发电"计划，这是在萨赫勒地区建造世界上最大太阳能区的一项重大举措。

另外在2019年气候行动峰会上，气候投资平台（climate investment platform）启动，该平台简化了向合作伙伴及机构寻求资金支持的过程，为气候融资的双方提供了一个"市场"。从需求侧而言，能源转型市场将引入更多可再生能源和能效项目；在供给侧方面，平台将扩大金融合作伙伴网络，更广泛地覆盖公共和私人金融机构。平台将力争在2025年前调动1万亿美元资金，帮助20个最不发达国家发展清洁能源。

1.4.4.2 限制对化石燃料投资

2019年联合国气候峰会中心议题之一是2020年后停止新建燃煤电厂。联合国秘书长古特雷斯呼吁在2020年之后不再建造新的燃煤电厂。2020年2月26日欧盟委员会提出一项议案，拟分配近8000万欧元给葡萄牙用于关闭两座燃煤电厂及减少石化工厂的排放。欧盟委员会提议，葡萄牙应关闭Sines和Pego热电厂，并支持减少Matosinhos和Sines石化工厂的排放，因为这些工厂污染严重。这是一项对"公平转型基金"使用的提案，该基金由欧盟委员会设立，用以支持消灭污染工业、对依赖化石燃料的地区进行脱碳，根据该计划葡萄牙将获得7920万欧元的拨款。

越来越多国家的投资机构相继减少对于煤炭的投资。作为全球最大的投资机构，摩根大通公司将终止或逐步取消对某些化石燃料的贷款（包括北极钻探和煤矿开采），但其为全球主要石油公司提供的持续资金仍使环保主义者和股东团体感到不满。摩根大通银行将限制对新的燃煤电厂的融资，到2024年前逐步退出对该行业信贷投放，并将停止为新的石油和天然气钻探项目提供资金，以作为保护北极国家野生动物保护区行动的一部分。英国国会养老基金减少对化石能源投资，使得投入可再生能源的投资增长了7亿英镑，使国会议员养老基金与政府的气候行动目标保持一致，近1/3的资金投资于低碳和环境可持续基金。法国巴黎银行不再为任何公司正在建设或计划建设的新燃煤电厂提供资金。法国巴黎银行规定，所有煤电和煤炭开采公司都必须共享同一个计划，即在欧盟/经合组织的公司到2030年退煤，全球其他地方的公司在2040年退煤。自2016年以来，德意志银行禁止为新的燃煤电厂提供资金或为现有燃煤电厂扩展发电能力。德意志银行表示，到2020年底将审查欧洲和美国的所有客户，如果没有适当的多元化计划，将逐步淘汰现有敞口，从2022年开始，德意志银行将把这项审查和逐步淘汰扩展到亚洲及选定的发展中国家市场，德意志银行承诺到2025年将在全球范围的贷款和资本市场去煤。此外，欧洲投资银行决定在2021年底将停止对包括天然气在内所有化石燃料项目的融资支持；非洲开发银行亦发表声明，将放弃煤电融资项目。

1.4.4.3 可再生能源投资势头强劲

根据国际能源署在2021年6月2日发布的《2021年全球能源投资报告》，

2021年全球能源年投资将增至1.9万亿美元，全球能源投资额将同比增长10%，恢复至新冠流行前水平。尽管各国之间存在显著差异，但是随着经济增长，能源投资的前景得到显著改善。国际能源署估计，2021年全球能源需求将增长4.6%，抵消了2020年因新冠流行造成的4%的需求收缩。

在回弹的投资需求中，可再生能源投资势头强劲；并且随着安装成本的下降，太阳能和风能成为了炙手可热的投资领域。能源相关行业中电力行业所获得的投资最多，占总投资的近50%。而在电力装机容量建设领域，可再生能源占据投资的主导地位。2021年电力装机容量建设投资总计5300亿美元，其中可再生能源约占70%。另外，报告也指出，由于技术的快速进步和成本的降低，如今在风力和太阳能光伏发电建设上每投资一美元，获得的装机容量是十年前的4倍，投资可再生能源的成本优势提升。除可再生能源发电投资外，清洁能源技术和能源效率也是重点的投资领域，二者在2021年所获投资预计为7500亿美元。但报告也指出，尽管可再生能源及能源效率投资金额规模扩大，但仍远低于实现长期气候目标的要求。21世纪20年代，清洁能源投资需要翻一番，以将温度升幅控制在2℃以下，如要使温度升幅稳定在1.5℃，投资需要增加两倍以上。

Energy Transition to Address Climate Change

应对气候变化背景下的能源转型

第2章

典型国家与地区应对气候变化与能源转型趋势

2.1 欧盟应对气候变化与能源转型
2.2 美国应对气候变化与能源转型
2.3 日本应对气候变化与能源转型
2.4 金砖国家应对气候变化与能源转型

当今世界能源形势正发生复杂深刻的变化，主要国家能源系统日益呈现绿色低碳化的发展趋势。欧盟、美国、日本等发达国家与地区国际气候规则的重大变迁和低碳经济背后隐含着国际经济格局调整和国际话语权、决策权等的再分配。掌握有利地位的发达国家必然会通过各种举措率先形成国内相对完整的低碳经济体系，再通过各种双边、多边、诸边合作机制和手段（如征收碳排放边境调节税、构建碳交易市场机制等），在能源效率及行业标准等方面推动全球达成共识，并有利于将该体系通过贸易、投资机制和法律制度框架延伸到其他国家（田慧芳，2015）。

2.1 欧盟应对气候变化与能源转型

欧盟向来将自身定位为全球气候政策和气候行动的领导者，欧委会主席乌尔苏拉·冯德莱恩提出希望欧洲成为第一个实现碳中和的大陆。为实现该目标，欧盟制定了以《欧洲绿色协议》为中心的一系列具有雄心的气候政策，并将坚持落实《欧洲绿色协议》作为新冠流行后绿色复苏的核心。欧盟持续推进《欧洲绿色协议》中的各项举措，包括在国际引起广泛争论的碳边境调节措施以及最近通过的欧盟气候变化适应战略。

图2-1显示欧盟一次能源使用现状。2008年以后，欧盟一次能源消耗逐

图2-1 欧盟一次能源使用现状

数据来源：BP Statistical Review of World Energy 2019

渐下降，可再生能源稳步上升，石油、天然气、煤炭下降较多，水电和核能变化较小。为实现其2030年温室气体排放比1990年降低55%的目标（此前这一目标为40%），欧盟委员会通过了能源和气候一揽子计划，对于欧洲2050年实现碳中和至关重要。

2.1.1 改革排放交易体系（ETS）

作为世界上最大的碳市场之一，欧盟碳市场已经成为了欧盟实现其气候政策的基石，一直被视为欧盟控制温室气体排放、实现碳中和最有效的工具。从2005年建立至今，历时17年之久的ETS一直在不断进行着改革和探索，以完成不同阶段的使命。众所周知，碳市场的运作原则是"总量控制与交易"。政府规定排放总量的上限值（"总量控制"），企业排放的每吨二氧化碳都必须获得相应的碳配额（EUA）。企业可获得、购买或交易碳配额，其价值也就是碳价。

欧盟将进一步降低总体排放上限，提高其年减排率，逐步取消航空免费排放配额，与全球国际航空碳抵消和减排计划（CORSIA）保持一致，并首次将航运排放纳入欧盟排放交易体系。为解决道路交通和建筑物减排不足的问题，为运输和建筑业设立了单独的排放交易系统。此外，还要增加创新和现代化基金的规模。为了补充欧盟预算中的大量气候支出，欧盟成员国应将其排放交易收入的全部用于气候和能源相关项目。

在ETS发展的第四阶段（2021～2030年），被认为有碳泄漏风险并因此有权获得免费排放配额的经济部门的数量将被削减。也就是说，从2021年开始，碳配额供应将非常紧张。同时，ETS为每个成员国指定建筑、运输和境内航运、农业废物和小型工业的强化减排目标。以成员国的人均GDP为基础，并考虑成本效率而进行调整。毫无疑问，新的减排目标和改革将更进一步推高ETS市场的碳价。

2.1.2 制定《欧洲绿色协议》

欧盟委员会在2018年11月提出了减少温室气体（GHG）排放的长期战

略，首次提出实现碳中和的欧洲愿景。2019年12月，新一届欧盟委员会发布《欧洲绿色协议》，阐明欧洲迈向气候中性循环经济体的行动路线，致力于建设公平繁荣的社会、富有竞争力的现代经济，到2050年实现温室气体净零排放，使经济增长与资源使用脱钩。该协议是一份全面的绿色发展战略，勾勒了欧盟未来绿色发展的基本框架与初步路线图，是欧盟未来气候行动的核心。

该协议涵盖了经济领域各个方面，提出八大行动领域，分别为：提高欧盟2030年和2050年的气候雄心、提供清洁可负担的安全能源、推动工业向清洁循环经济转型、绿色建筑节能改造、加快向可持续和智慧出行转变、建设健康环保的食品体系、修复生态系统和生物多样性、实现无毒环境与零污染。表2-1介绍了前五个与气候长期政策以及能源领域相关的重点行动领域的要点。

表 2-1 《欧洲绿色协议》重点行动领域要点

行动领域	具体措施与要点
提高欧盟2030年和2050年的气候雄心	于2020年3月前提出首部《欧洲气候法》，将到2050年实现气候中和的目标载入该法律 提升欧盟2030年温室气体减排目标，即比1990年水平降低至少50%，力争55%（原目标为降低40%） 在2021年6月前审查所有气候相关的政策工具，必要时提出修订建议。包括碳排放交易体系，比如可能会在新行业引入欧洲碳排放交易；欧盟成员国针对碳排放交易体系覆盖范围外的行业，确定其减排目标 将提议修订《能源税指令》，重点关注环境问题，保证税收与气候目标相一致 将针对选定的行业提出碳边境调节机制，以降低碳泄漏的风险
提供清洁可负担的安全能源	成员国将于2019年底提交其修订后的能源和气候规划 清洁能源转型应让消费者参与其中并从中受益。欧盟委员会将于2020年年中发布推动实现可再生能源、能效和各领域可持续解决方案智能融合的措施 2020年，欧盟委员会将制定指导方针，协助成员国解决能源贫困问题，如为家庭翻新住房提供资金等 对能源基础设施的监管框架（包括《泛欧能源网络（TEN-E）条例》）予以审查，确保其与气候中和目标保持一致

续表

行动领域	具体措施与要点
推动工业向清洁循环经济转型	2020年3月，欧盟委员会将通过一项《欧洲工业战略》，以应对绿色和数字转型的双重挑战 在钢铁、化工和水泥等能源密集型产业内实现脱碳和现代化支持到2030年实现零碳钢工艺的提案 提出"可持续产品"政策，基于共同方法和原则，将所有产品设计为可循环产品。在回收材料之前，这一政策将优先考虑减少材料使用和重复使用材料；它将培育新的商业模式并设定最低要求，以防止对环境有害的产品投放到欧洲市场 循环经济行动计划侧重于纺织、建筑、电子产品和塑料业等资源密集型行业 鼓励企业提供可持续产品并允许消费者选择可重复使用、耐用和可维修产品。可靠的信息可以使买方做出更可持续的决策并降低"绿漂"风险 大幅减少废弃物 保证可持续原材料的供应。到2030年，欧洲工业需要一批"气候和资源先行者"在关键工业领域率先实现突破性技术的商用。重点领域包括清洁氢能，燃料电池和其他替代燃料，储能以及碳捕获、利用和封存等 促进与工业和战略价值链投资的新合作形式。欧盟委员会将继续实施《电池战略行动计划》，并将在2020年提出立法要求，旨在建立安全、可循环和可持续的电池价值链，全面覆盖各类电池，其中包括为日益增长的电动汽车市场供应的电池 数字技术助推各行各业实现可持续目标。欧盟委员会将探索各类措施，使人工智能、5G、云计算和边缘计算及物联网等数字技术能尽量快速帮助欧盟应对气候变化和保护环境的政策发挥应有作用
绿色建筑节能改造	参与公共和私人建筑的"改造浪潮"。通过提高翻新率降低建筑能耗，减少能源贫困，促进建筑业发展，并且支持中小企业和当地就业的机会 积极落实与建筑物能效相关的法律。首先欧盟委员会将在2020年评估各成员国的国家长期翻新策略；尝试将建筑物排放纳入欧洲碳排放交易体系；审查《欧盟建筑产品法规》，并确保各个阶段的新建与翻新建筑物设计能够满足循环经济的需求，提高存量建筑的数字化水平与气候防护水平 建立一个开放平台，联合建筑行业、建筑和工程师以及地方政府，共同解决建筑翻新面临的障碍；在"投资欧洲"（Invest EU）框架下制订创新融资计划。计划主要针对能够通过合同能源管理等方式推动建筑翻新的住房协会或能源服务公司的发展

续表

行动领域	具体措施与要点
加快向可持续和智慧出行转变	大力推动多式联运，提高运输系统的效率 欧盟委员会将利用"连接欧洲基金"（Connected Europe Facility）等融资工具，推动打造智慧交通运输管理系统与"出行即服务"解决方案 交通运输的价格必须体现其对环境与健康的影响。应当取消化石燃料补贴。计划提出将欧盟碳排放交易扩大至海运业，并减少无偿分配给航空公司的配额。欧盟委员会还会从政治角度重新考虑如何在欧盟实现有效的公路收费定价 扩大可持续替代运输燃料的产量与部署。到2025年，欧洲零排放以及低排放汽车保有量将达到1300万辆，需要约100万座公共充电站与加油站 大幅减少交通运输污染。欧盟委员会将提出更加严格的内燃机机动车大气污染物排放标准；还会提议在2021年6月之前修订小汽车和轻型商用车的二氧化碳排放标准法案，为自2025年起实现零排放出行提供清洁路径；考虑在公路运输方面开展排放权交易；管制污染严重的船只进入欧盟港口，强制停靠船只使用岸边电力；减少飞机与机场运行的污染物排放

注：资料来源于兴业研究，《〈欧洲绿色协议〉精要与启示》；《欧洲绿色协议》。

《欧洲绿色协议》中提出的中长期气候目标在之后得到了正式确定。2020年3月，欧盟向《联合国气候变化框架公约》（UNFCCC）提交了其长期战略，并发布首部《欧洲气候法》提案，该提案指出将到2050年实现气候中和的目标纳入法律之中。在2020年12月的欧盟峰会上，27个成员国领导人就此达成一致，并将减排目标提高为相对1990年减排55%。

面对新冠病毒感染流行对经济的重创，欧洲多国金融部长共同发布公开信呼吁各国政府不要再着眼于短期的解决方法，否则将会让欧盟未来几十年一直陷在"化石能源经济"的困境中。公开信表示，《欧洲绿色协议》是欧盟经济增长战略的重要部分，不仅能够刺激经济发展、创造工作机会，同时能够加速绿色转型、打造更为高效的社会。

2020年5月27日，欧盟委员会主席冯德莱恩向欧洲议会提交了一项命名为"欧盟下一代（EU next generation）"的全面复兴计划，欧盟委员会为此提议设立了7500亿欧元的专项经济复苏基金。这7500亿欧元将作为全新的支出，被纳入欧盟的长期预算当中。而通过"欧盟下一代"复兴计划，欧盟将在未来着力打造绿色新政、数字转化和应对危机的韧性。2020年6月，欧盟委员会主席冯德莱恩宣布，欧盟最新的7年1.1万亿欧元中期预算提案和7500亿欧元欧洲复苏计划都将面向绿色发展和数字转型领域。欧盟将推动绿色转型作为经济复苏计划的核心之一，在"绿色新政"框架下持续推出多项新的政策举措，旨在进一步提升经济增长的韧性和可持续性。2020年底，欧洲议会与欧盟成员国最终就"欧盟下一代"复兴计划达成一致，这项总额超过1.8万亿欧元的长期投资计划中，37%的资金将投入到与绿色转型目标直接相关的领域。

2.1.3 推动碳边境调节机制立法进程

碳边境调节机制（CBAM）是《欧洲绿色协议》的重要内容之一，通过对欧盟进口的产品征收碳税来应对欧盟在实现2050碳中和目标中可能出现的碳泄漏风险，欧盟得以借此向碳宽松国家施加压力。欧盟在2019年《欧洲绿色协议》中正式提出碳边境调节机制，在2021年3月10日，欧盟议会投票通过碳边境调节机制。2022年6月22日，欧盟议会以450票赞成、115票反对和55票弃权通过了关于建立碳边境调节机制（CBAM）草案的修正案。

根据当前流出的欧盟碳边境调节机制立法草案文本，进口产品的碳价与欧盟碳价挂钩，且支付"碳关税"的义务由进口商承担。进口商需首先获得从事碳边境调节机制管控产品进口业务的资格。进口商要向欧盟专门成立的CBAM行政机关注册登记，经批准后才能进口相关产品。针对进口产品中所含的每一吨碳排放，进口商都必须向CBAM行政机关购买一张CBAM电子凭证。CBAM的适用范围将限于进口的水泥、电力、化肥、钢铁、铝、有机化学、塑料、氢和氨。同时纳入了电力产生的间接排放，即纳入制造商使用外购电力产生的间接排放，以更好地反映工业生产中二氧化碳的整体排放。

为考虑CBAM的公平性，要求欧盟排放交易体系（EU-ETS）中的免费配额逐步退出。原草案中从CBAM正式启动年（2026年）开始，免费配额每年淘汰10%，最终于2035年实现完全有偿配额。而新规则中2027～2031年免费配额比例分别为93%、84%、69%、50%、25%，并于2032年降为0，比原草案早3年退出。同时规定了，在欧盟层面设立集中的CBAM主管机构，CBAM收入将用于欧盟预算，欧盟将利用CBAM收入支持最不发达国家实现制造业脱碳,以支持实现欧盟的气候目标和国际承诺。在CBAM实施年份,在每年5月31日之前,未向CBAM当局提交与上一年度进口货物中对应排放的若干CBAM证书或提交虚假信息的,罚款力度应为上一年度CBAM证书平均价格的三倍,同时仍需向CBAM当局交出未结数量的CBAM证书。与原草案相比,新规则将CBAM正式实施时间延期到2027年。

2.1.4 增强气候适应能力

在《欧洲绿色协议》启动后,欧盟委员会对适应气候变化战略进行了修订,其关键作用在于帮助增强欧洲的气候变化适应能力和经济的绿色复苏。该战略是《欧洲绿色协议》关于绿色转型和可持续增长的一项关键举措,修订后的战略将取代2013版战略。2021年2月24日,欧盟委员会发布名为"打造具有气候弹性的联盟:欧盟适应气候变化新战略"的通讯稿(以下简称"战略")。6月,理事会就新战略达成一致。新战略规定了欧盟如何适应气候变化不可避免的影响,并在2050年之前实现气候适应。该战略有四个主要目标:使适应更智能、更系统和更迅速,以及加强适应气候变化的国际行动,其具体目标含义与行动如表2-2所示。

表2-2 欧盟适应气候变化战略目标

目标	目标含义	行动
更智能的适应:消除知识和管理的不确定性	适应行动必须以所有人都可用的可靠数据和风险评估工具为依据——建造房屋的家庭、沿海地区的企业和计划作物的农民;为实现这一目标,该战略提出了推动适应知识前沿的行动,以便能够收集更多、更好的气候相关风险和损失数据,并增强气候适应知识作为欧洲适应知识平台	(1)推动适应知识前沿的发展 通过地平线欧洲、数码欧洲、欧洲海洋观测数据网等数字平台共享数据,缩小关于气候影响以及气候韧性方面的知识差距 改进气候适应建模、风险评估和管理工具的最新技术 (2)开发更多优质的气候相关的风险和损失数据

续表

目标	目标含义	行动
更智能的适应：消除知识和管理的不确定性	适应行动必须以所有人都可用的可靠数据和风险评估工具为依据——建造房屋的家庭、沿海地区的企业和计划作物的农民；为实现这一目标，该战略提出了推动适应知识前沿的行动，以便能够收集更多、更好的气候相关风险和损失数据，并增强气候适应知识作为欧洲适应知识平台	关于气候相关风险和损失的数据对于提高气候风险评估的准确性至关重要，欧盟委员会将促进和支持使用风险数据中心来统一记录和收集与气候相关的全面和精细的风险及损失数据，并促进国家级公私伙伴关系收集和共享此类数据 与欧洲保险和职业养老金管理局（EIOPA）以及业界共同探索改进收集保险损失数据的方法，并将根据需要为 EIOPA 赋能 扩大公众获取环境信息的范围，包括与气候相关的风险和损失数据 （3）确保"欧洲气候适应平台"（Climate-ADAPT）成为欧洲权威的适应平台 更新和扩展欧洲气候适应平台，将其作为气候影响和适应的知识来源以及监测和报告机制 在 Climate-ADAPT 下建立欧洲气候和健康观测站
更系统的适应：支持各级和各部门的政策制定	气候变化将对社会各个层面和所有经济部门产生影响，因此适应行动也必须是系统性的。欧盟委员会将继续积极将气候恢复力考虑纳入所有相关政策领域的主流。它将支持在各级治理中进一步制定和实施适应战略和计划	（1）改进适应战略和计划 促进区域和跨境合作，与成员国合作加强国家适应战略指导方针 通过使用统一的标准和指标框架，改进对气候适应的监测、报告和评估 提供项目事前评估工具，以更好地确定气候适应和预防项目的经济及气候效应 更新政策工具制定准则，确保气候风险管理政策的一致性 （2）培育当地的、个人的和公正的气候韧性 加大对地方适应规划和实施的支持力度，并根据欧盟《市长盟约》启动适应支持机制 通过教育和培训，支持工人的再培训和资格认证，实现公正和公平的气候恢复力 确保现有就业机会和社会立法的执行，并考虑提出相关的新举措，减少气候变化对工人的影响

续表

目标	目标含义	行动
更系统的适应：支持各级和各部门的政策制定	气候变化将对社会各个层面和所有经济部门产生影响，因此适应行动也必须是系统性的。欧盟委员会将继续积极将气候恢复力考虑纳入所有相关政策领域的主流。它将支持在各级治理中进一步制定和实施适应战略和计划	（3）将气候恢复力纳入国家财政框架 制定方法以衡量气候风险对公共财政的潜在影响，开发气候压力测试工具与模型，在国家报告和财政框架中更好地考虑气候变化 与成员国协商采取行动降低气候相关事件对财政稳定性造成的风险 与成员国探讨《稳定与趋同计划》（Stability and Convergence Programmes）是否或在多大程度上将气候适应维度纳入考虑；促进灾后应急和恢复行动的协调互补 （4）促进基于自然的适应解决方案 提出基于自然的碳去除解决方案，包括即将开展的碳农业倡议中的核算和认证 发展基于自然的解决方案的财务，促进涵盖基于自然的适应方案的财务办法和产品的开发 通过评估、指导、能力建设以及欧盟资助，继续激励和协助成员国推出基于自然的解决方案
更迅速的适应：全面加快适应	气候变化的影响已经显现，因此必须更快、更全面地适应气候变化。因此，该战略侧重于开发和推出适应解决方案，以帮助减少与气候相关的风险、加强气候保护并保障淡水的供应	（1）加快适应解决方案的推出 执行"地平线欧洲计划"中的气候适应及其他适应相关事项 支持开发进一步的气候适应解决方案 将气候适应纳入 Natura 2000、气候变化指南、生物多样性友好型植被保护方针的更新方案以及即将出台的森林战略中 加强对基因资源保护的支持 进一步优化《欧盟可持续金融分类方案》 （2）减少与气候相关的风险 加强气候防护指导，并在欧洲和国外加以推广使用 开展欧盟范围内的气候风险评估，加强欧盟灾害风险预防和管理中对气候的考虑 解决欧盟对气候相关的健康威胁的准备和应对问题

续表

目标	目标含义	行动
更迅速的适应：全面加快适应	气候变化的影响已经显现，因此必须更快、更全面地适应气候变化。因此，该战略侧重于开发和推出适应解决方案，以帮助减少与气候相关的风险、加强气候保护并保障淡水的供应	在适用于建筑和关键基础设施建设与翻新的标准中纳入气候恢复力因素 （3）缩小气候保护差距 气候保护差距是气候灾害造成的未投保经济损失的份额，利用保险作为一种风险转移机制来吸收与气候风险相关的金融损失 （4）确保淡水的供应和可持续性 对水价进行调节，建立健全法律框架，保护和恢复清洁的淡水资源，确保淡水的长期可持续使用。应该加强与给水工业的合作，确保将气候变化影响及其风险纳入水资源与基础设施的规划与管理过程中
加强适应气候变化的国际行动	欧盟将通过提供资源、优先采取行动和提高有效性、扩大国际融资以及加强全球参与和适应交流，增强对国际气候适应能力和备灾的支持	（1）增强对国际气候恢复力和准备工作的支持 加强对欧盟伙伴国家制定与执行国家自主贡献（NDCs）和国家适应计划的支持 加强和扩大对欧盟伙伴国家地方当局的适应支持，制定区域方案 将气候变化考虑纳入未来保护和可持续利用国家管辖范围之外海洋生物多样性的协定中 （2）扩大国际融资规模，建设气候恢复力 通过欧盟外部行动工具和私营部门投资来增加国际气候适应资金 促进灾害风险融资战略的设计和实施，提高伙伴国家的宏观经济气候抵御能力 支持伙伴国家制定政策和激励措施，促进具有气候恢复力的投资，包括基于自然的解决方案 在欧盟所有外部投资与行动中加强气候保护 （3）加强气候适应方面的全球参与和交流 深化与国际和区域伙伴在气候变化适应方面的政治接触 增加非欧盟国家的适应知识和工具库，促进"绿色联盟"及伙伴关系的气候适应

注：资料来源于欧盟官方网站。

2.2 美国应对气候变化与能源转型

作为全球最大的经济体和第二大温室气体排放国,美国在应对全球气候变化中发挥着重要作用。美国总统拜登在2021年1月20日就任之际,重新签署了《巴黎协定》,美国于2021年2月19日重新成为气候变化《巴黎协定》的缔约方。拜登在竞选时提出的《清洁能源革命与环境正义计划》等气候计划和上任后签署的一系列应对气候危机的行政命令都展现了现任美国政府对气候问题的高度重视。

图2-2显示美国一次能源使用现状。总体来看,美国一次能源消费的总量波动较大,尤其是2008年之后,煤炭消费呈下降趋势,天然气和可再生能源消费上升幅度较大,其他能源品种消费波动幅度不大。

图 2-2 美国一次能源使用现状

数据来源:BP Statistical Review of World Energy 2019

2.2.1 实施气候新计划

能源气候新计划方面,首先介绍竞选时期拜登团队提出的《清洁能源革命与环境正义计划》以及补充更新的《建设现代化的、可持续的基础设施与公平清洁能源未来计划》。以上能源气候计划描绘了拜登在任期内的主要气候目标和实施措施。具体的气候目标是在2050年前实现100%清洁能源和净零排放,到2035年实现电力行业零碳排放,并为气候新计划投资2万亿美元。他宣布将制定更加严格的燃油排放新标准,确保100%新销售的轻型/中型车辆实现电动化,同时将使用联邦政府的采购系统(每年花费5000亿美元)来实现能源100%清洁和车辆零排放。未来十年内,美国政府将进行对能源、气候的研究与创新,以及对清洁能源基础设施建设(风电+光伏)投资4000亿美元,并专门设立专注于气候的跨机构高级研究机构ARPA-C(美国国防部高级研究计划署——气候);加快电动车的推广,在2030年年底之前部署超过50万个新的公共充电网点,同时恢复全额电动汽车税收抵免;制订有针对性的计划,目标是到2030年将海上风能增加一倍。美国在能源气候新计划方面的具体措施如表2-3所示。

表2-3 美国能源气候新计划的具体措施

领域	具体措施
基础设施	建设和升级基础设施,使其更清洁、更安全、更强大 ① 让交通部门更多地使用电力、清洁燃料等动力能源 ② 使铁路系统电气化,减少CO_2排放 ③ 清理并重新开发旧发电厂和工业设施
能源与技术	① 优先对现有电网进行新技术改造,建设新一代电网输配电系统 ② 加大对碳捕获和封存技术的研究投资及税收优惠力度 ③ 创建气候高级研究规划局ARPA-C(电网存储、先进核反应堆、碳捕获、新一代电解槽等)
汽车工业	① 增加各联邦对美国制造、美国采购清洁车辆的采购 ② 鼓励消费者和制造商转向清洁消费和生产 ③ 对汽车基础设施进行重大公共投资,如建设50万个电动汽车充电站 ④ 加快电池技术研究

续表

领域	具体措施
建筑	① 对 400 万幢商业建筑进行升级改造 ② 对 200 万套房屋进行节能改造 ③ 修订建筑规范程序，制定建筑性能新标准
农业与生态保护	① 帮助农民利用新技术和设备提高生产率和利润 ② 建立自愿碳农业市场
气候投融资	为气候新计划投资 2 万亿美元
气候正义	① 创建一个由数据驱动的气候和经济公平筛选工具，来识别弱势社区 ② 在司法部设立环境和气候正义司，以补充环境和自然资源司的工作，并追究污染者的责任

注：资料来源于兴业研究，拜登竞选官方网站。

2.2.2 颁布应对气候变化的行政命令

2021 年 1 月 20 日，拜登签署《巴黎协定》并撤销 2019 年 3 月由特朗普颁布的基石 XL 输油管道许可证；2021 年 1 月 27 日，拜登签署了一系列行政命令，采取积极的行政行动以应对国内外的气候危机；2021 年 5 月 7 日，拜登签署了关于设立气候变化支助办公室（CCSO）的行政命令，在国务院内设立气候变化支助办公室这一临时组织，从而执行双边和多边气候相关的项目，推进美国应对全球气候危机的倡议，使得美国在国际论坛中发挥气候领导作用，增强国际气候雄心；2021 年 5 月 20 日，美国颁布气候相关金融风险的行政命令，使得金融机构能适当且充分地考虑和衡量气候带来的物理风险和转型风险。表 2-4 展示了 2021 年拜登上任以来主要应对气候变化行政命令的具体内容。

表 2-4 拜登政府应对气候变化行政命令的具体内容

签署日期	具体内容
2021 年 1 月 20 日	① 签署《巴黎协定》 ② 撤销 2019 年 3 月由特朗普颁布的基石 XL 输油管道许可证

续表

签署日期	具体内容
2021年1月27日	① 将气候因素确定为美国外交政策和国家安全的基本要素 ② 设立了气候问题特别总统特使这一新职位 ③ 根据《巴黎协定》以及气候融资计划制定了美国"国家自主贡献"的目标 ④ 成立了白宫内部气候政策办公室，负责协调和执行总统的国内气候议程 ⑤ 建立了国家气候工作队，召集了来自21个联邦机构和部门的领导人，以采取整体政府的方式来应对气候危机 ⑥ 指示联邦机构采购无碳污染的电力和清洁零排放的车辆，创造高薪工作并刺激清洁能源产业发展 ⑦ 指示内政部长在可能的范围内暂停在公共土地或近海水域上签订新的石油和天然气租赁协议，对所有与公共土地上化石燃料开发有关的现有租赁和许可做法进行严格审查，并根据适用法律取消化石燃料补贴 ⑧ 重建基础设施以实现可持续经济，确保每项联邦基础设施投资能够减少气候污染，并采取措施加速在联邦选址和许可程序下的清洁能源及输电项目
2021年5月7日	① 设立气候变化支助办公室（CCSO） ② 支持美国国务院在涉及清洁能源、航空、航运、北极、海洋、可持续发展和移民话题的国际论坛上开展进一步工作
2021年5月20日	① 衡量、评估、缓解和披露联邦政府计划、资产和负债的气候相关金融风险，以提高联邦业务的长期稳定性 ② 满足符合美国2050净零排放、全球1.5℃温升目标的融资需求 ③ 私人投资和公共投资可以在气候融资方面发挥互补作用

注：资料来源于白宫官方网站。

2.2.3 增强国际气候雄心

美国拜登政府在2021年4月22日～23日召开了"领导人气候峰会"，并在会议第一天公布了其新的《巴黎协定》国家自主贡献目标：到2030年，温室气体净排放比2005年水平减少50%～52%。拜登政府还概述了主要部门的减排路径,包括四大传统排放部门(电力、交通、建筑和工业)、农业和土地利用部门,以及非二氧化碳温室气体(如氢氟碳化物、甲烷和N_2O等)排放部门。拜登政府还公布了一些支持全球应对气候问题的具体计划,这些举措包括推出新的国际倡议或组织(如旨在支持发展中国家实现碳中和目标的"全球气候雄心倡议"),推出由美国和加拿大主导的国际组织"绿色政府倡议",与重要的油气生产国形成"碳中和生产论坛",与印度建立针对气候和能源的伙伴关系,支持拉丁美洲和加勒比海地区国家的清洁能源发展,建立包括澳大利亚、博茨瓦纳、加拿大、秘鲁在内的可持续供应链,加入或创建新能源汽车、小型模块化反应堆等具体行业或技术的相关国际联盟等,以及利用美国现有的海外投融资平台世纪挑战集团、美国国际发展金融公司(DFC)等进行气候投资。美国国务院的《美国国际气候融资计划》还指出,美国计划到2024年将对发展中国家的年度公共气候融资提高至奥巴马政府后半期平均水平的两倍。

2.3 日本应对气候变化与能源转型

2011年3月11日发生的东日本大地震、海啸和核灾难给日本造成了沉重打击,同时也对日本能源系统的未来稳定性、可靠性和安全性产生了深远影响。这场"三重灾难"激起了日本对能源政策和能源机构的基本审查,并导致了一系列能源部门改革。日本在今后的能源政策设计中始终将能源安全摆在重要的位置,并在确保能源安全的前提下积极探索碳中和的道路。日本通过《绿色成长战略》,对实现碳中和进行了战略部署,将实现碳中和作为推动绿色复苏和刺激经济的契机,同时日本也积极通过立法保障碳中和目标的实现。

图2-3显示日本一次能源使用现状。日本一次能源消费总体呈下降趋势,可再生能源消费稳步上升,石油和核能消费下降明显,天然气和煤炭消费不降反升,水电波动幅度较小。日本东部大地震后,由于核电站关闭,能源安全形势恶化,日本能源自给率从2010年的20%降至2016年的8%左右,能源需求结构发生重大转变的可能性越来越大。

图 2-3 日本一次能源使用现状

数据来源：BP Statistical Review of World Energy 2019

2.3.1 能源政策设计遵循"3E+S"原则

《能源基本计划》是日本中长期的能源政策指导方针，首期于2003年出台，此后分别在2007年（第二期）、2010年（第三期）、2014年（第四期）、2018（第五期）进行修订更新。考虑到国内外能源环境的变化，日本内阁于2018年7月3日批准了第五次战略能源计划，是日本转向2030年和2050年新能源政策方向的基础。2018年日本的能源政策基于"3E+S"方针，即在安全（safety）的前提下，确保能源的稳定供应（energy security），提升经济效率性（economic efficiency）实现低成本的能源供应，同时提高环保要求（environment）。

2018年第五期能源基本计划指出，日本中长期的能源目标是：①削减能耗。到2030年，日本能耗总量要削减0.5亿千升油当量，2016年度能耗总量已削减880万千升油当量。②零排放电力比例。2016年度日本的数据约为16%（可再生能源15%，核能为2%）。到2030年要实现零排放电力占比44%的目标，其中可再生能源发电在总发电量中占比要提升至22%～24%，核电占比将要降至20%～22%，化石燃料电力占比减少至56%。③二氧化碳排放量。2016年度日本的二氧化碳排放量为11.3亿吨，到2030年要削减至9.3亿吨。④电力成本。2013年日本的电力成本支出为9.7万亿日元，2030年要削减到9.2万亿～9.5万亿日元。⑤能源自给率。2016年日本的能源自给率为8%，2030年要达到24%。

在"3E+S"的原则下，日本政府将稳步推进能源政策构建"多层次、多元化的灵活能源供需结构"，以期到2030年实现最优能源结构。另外，做好利用可再生能源作为主要能源的准备，以基本氢气战略为基础，促进系统和基础设施的发展。而2050方案的设计则遵循复杂的"3E+S"原则，旨在通过技术和治理改革进行安全创新，提高技术自给率，确保选择多样化，以实现脱碳和提高国内产业竞争力。

2.3.2 制定《绿色成长战略》

2020年10月，日本首相菅义伟在上任后首次发表施政演说时承诺到2050年将实现温室气体净零排放，即到2050年使二氧化碳等温室气体的排放量和森林等的吸收量相减之后降为零。这是日本政府首次提出进入脱碳社会的具体时间表。

2020年12月25日，日本政府出炉旨在2050年实现去碳化社会的计划草案，以《绿色成长战略》为名发布。《绿色成长战略》可以总结为"一个重点，三个目标，十四个重点产业"。①重点：将绿色投资视为日本疫后重塑经济的重点，以及引领日本远离化石燃料、加速清洁能源转型的关键。日本经济产业省将通过监管、补贴和税收优惠等激励措施，动员超过240万亿日元（约合2.33万亿美元）的私营领域绿色投资，争取到2050年通过绿色投资。此外，日本政府还将成立一个2万亿日元（约合192亿美元）的绿色基金，鼓励和支持私营领域绿色技术研发及投资。②目标一：未来15年内淘汰以汽油为动力的车辆，采用混合动力汽车和电动汽车填补燃油车的空缺，并将在此期间加速降低动力电池的整体成本。③目标二：到2050年，可再生能源发电占比较目前水平提高3倍，达到50%～60%，同时还将最大限度地利用核能、氢、氨等清洁能源。④目标三：日本政府还计划引入碳价机制来助力减排，将在2021年制定一项根据二氧化碳排放量收费的制度。可见日本将绿色转型视为在应对气候变化的同时，推动经济发展的契机。

在此基础上，《绿色成长战略》部署了14个重点发展领域，集中在能源、运输、制造、家庭、办公领域，如图2-4所示。

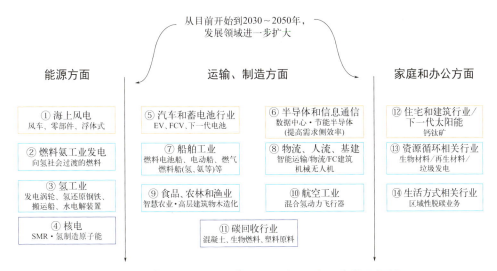

图 2-4 《绿色成长战略》所部署的 14 个重点发展领域

资料来源：光大证券研究报告，《日本降碳之路：资源约束型国家的选择》

2.3.3 加强氢社会建设

2014年6月，日本内阁呼吁建设"氢能源社会"，即氢在日常生活和产业活动中得到普遍利用的社会。2014年7月，日本新能源及产业技术综合开发机构（NEDO）发布了旨在实现"氢社会"的《氢能源白皮书》，介绍了建设"氢社会"的政策动向，制造、运输、储存、利用等的技术进展及今后的发展方向。努力在2030年实现国内氢能源达到1万亿日元的市场规模，2050年达到8万亿日元的市场规模。2018年，日本第五期《能源基本计划》再次强调，要加速构建"氢社会"，充分利用氢燃料发热和发电。

首先，日本很早就注重氢能源生产、储运和利用等相关技术的研发，并为其提供财政支持。2018年，日本开始了世界上最大的氢能源系统——福岛氢能源研究（FH2R）场地的建设，FH2R将运营一个10兆瓦级氢气生产工厂，经过最终测试来验证该技术后，该工厂将于2020年开始营运，所生产的氢气将用于驱动燃料电池车和支持工厂的运作。其次，日本政府对购买燃料电池车的消费者提供财政补贴。日本政府对燃料电池车消费者补贴的措施大大提高了燃料电池车的销量。最后，日本政府为加氢站建设提供财政支持和立法支持。一方面，日本政府对新建加氢站的建设费提供部分补贴；另一方面，日本政府放宽了加氢站建设的限制。根据不断采用的新技术性能，日本及时调整政策，放宽建设标准和安全检查标准，从而削减建设成本。

2.4 金砖国家应对气候变化与能源转型

2021年9月2日，第五届金砖国家能源部长会以视频形式召开，金砖各国能源部门负责人参会。会议通过了《第六届金砖国家能源部长会联合公报》，并发布了《金砖国家能源报告2021》《金砖国家能源技术报告2021》《金砖国家能源科研机构名录2021》三份成果文件。2021年9月10日《金砖国家领导人第十三次会晤新德里宣言》中再次强调："化石燃料、氢能、核能和可再生能源等的可持续和高效利用以及提高能效和使用先进技术，对于各国实现能源转型、建立可靠的能源体系和加强能源安全至关重要。"自2009年以来，中国一直保持全球第一能源消费大国位置，印度和俄罗斯近年来能源消费也快速攀升至第三和第四位。表2-5显示金砖国家一次能源消费情况。2019年，五国能源消费总量占全球比重超过38%，能源消费增量更是占全球比重近90%。基于存量与增量的预期，金砖国家的能源转型政策也深刻影响着全球能源转型与减排目标的实现。

表2-5 金砖国家一次能源消费情况

一次能源消费	巴西	俄罗斯	印度	中国	南非	全球占比
总量/亿吨标准油	2.91	6.99	7.99	33.25	1.27	38.3%
煤炭/亿吨标准油	0.15	0.85	4.37	19.16	0.89	68.7%
石油/亿吨标准油	1.11	1.54	2.40	6.55	0.28	25.4%
天然气/亿吨标准油	0.30	3.75	0.50	2.60	0.04	21.7%
核能/亿吨标准油	0.03	0.44	0.09	0.73	0.03	22.6%
可再生能源/亿吨标准油	1.31	0.41	0.62	4.21	0.03	42.1%

注：数据来源于《BP世界能源统计年鉴》（2020）。

2.4.1 俄罗斯：大型项目托起的能源转型

2013年《关于在俄罗斯实施绿色经济原则的宣言》计划出台，该计划旨在转变俄罗斯能源经济活动方向。2013年5月28日第449号政府决定《关于鼓励在电能和电力批发市场使用可再生能源的机制》中表示，将全面支持发展可再生能源，计划在俄罗斯开发容量不低于5兆瓦的新能源项目。2014～2016年，已有超过130兆瓦的可再生能源产能投入使用。2017年可再生能源投产超过140兆瓦，其中太阳能电站超过100兆瓦。2016～2020年，太阳能电池板在电站建设区域生产占比达到70%（Kapitonov et al., 2021）。

2017年新切博克萨尔斯克根据俄罗斯异质结构技术开始生产太阳能电池板，模块性能系数比国外同类产品高22%。2017年，俄罗斯国有原子能公司与一家荷兰公司合作技术转让，生产了容量为2.5～4.5兆瓦的风力发电机。2015年，俄罗斯成为国际可再生能源机构的成员，为此俄罗斯制定了到2030年发展可再生能源的"路线图"。俄罗斯可再生能源发电厂容量的变化见表2-6。

表2-6 俄罗斯可再生能源发电厂容量的变化

能源类型	发电厂容量/千兆瓦·时				
	2014年	2015年	2016年	2017年	2018年
水电	10219	10544	10815	11053	11265
生物质能	883	941	1070	1124	1157
风能	3516	4162	4670	5146	5637
太阳能	1775	2252	3052	3930	4858
其他	540	551	5728	5842	590
总计	16933	18450	25335	27095	23507

注：数据来源于国际可再生能源署（2019）。

2019年底，俄罗斯出台《2035年前能源战略草案》，以期促进能源科技创新，明确能源领域研究创新活动关键任务，推进能源强国战略。在国家战略核心力量的核工业方面，俄罗斯依托本国核技术和强大的全产业链解决方案抢占全球核能市场，实现本国利益的最大化。同时出台了《压水堆技术优化计划》，以进一步提升其核能技术的竞争力。

2.4.2　南非：政策引导下向风能转型

南非主要通过颁布监管与标准规范措施来实施对可再生能源的调控监管。南非通过《能源政策白皮书》《能源效率和需求侧管理政策》《电气电子设备能效标识的强制性规范》等政策推出可再生能源能效标识、竞争性投标、标准报价等措施以监管市场环境，占全部调控监管类政策的39.3%，并传播关于可再生能源技术及其应用的经济、环境、社会和贸易利益信息，促进和刺激了可再生能源市场。

《综合能源规划》在南非能源领域发挥着基础性作用。该规划的主要目的是预测未来电力需求，确定远期新增发电装机容量和类型，推动南非能源转型。2011年，南非政府首次发布《综合能源规划》。2018年，由于用电需求、发电成本和机组稳定运行水平等因素与预测相比均发生较大变化，南非矿能部三次启动修订工作，并于2019年10月正式发布IRP2019。该文件指出，南非发电装机结构将在坚持多元化的前提下，大力发展风电等可再生能源，促进分布式电源发展，鼓励开发清洁煤电，有序发展燃气发电，保证电力可靠供应。

为此南非政府提出了风能图集计划。图集一期项目覆盖西开普省、北开普省和东开普省，2018年完成的二期项目覆盖夸祖鲁-纳塔尔省和自由州省。在南非推广风能的氛围下，南非国家电力公司在南非西海岸建设了全国首个风电场。南非国家电力公司开创性风电场的成功示范，加之风能图集提供的信息，更多风电场随后建成。

2.4.3　印度：煤税支持新能源技术发展

印度施行可再生能源配额制，即国家为培育可再生能源市场、保证可再生能源市场份额，对可再生能源发电在总发电量中所占比例做出强制性的规定。印度《电力法》《电价政策》明确各邦电监会有权规定供电区域内购买可再生能源发电的比例，即实行"可再生能源购买义务"政策。2011年政府对《电价政策》进行修正，细化具体配额标准，提出专门针对太阳能0.25%的配额标准。

此外，印度还从供给侧入手，实行"可再生能源生产义务"政策，规定常规电厂安装可再生能源发电机组，并且发电量至少要达到常规能源的10%。

印度的国家清洁能源基金也是引导公共财政资助清洁能源技术研究和创新的关键机制之一，其资金来源是煤税。印度政府曾逐步提高煤税，从2010年每吨煤50卢比提高到2016年每吨煤400卢比（Pradhan et al., 2022）。煤税是解决印度能源定价外部性问题的重要一步，刺激了印度可再生能源和其他能源技术的进步。高水平的煤税可能会阻碍对煤电的新投资，从而促进向新能源技术投资的转变。

印度国家自主减排贡献承诺到2030年实现可再生能源发电的累计发电装机容量40%，碳定价是其达成目标的重要监管工具。印度政府现阶段仍致力于新能源技术的研发，实现印度40%的可再生能源发电目标，并继续贯彻以煤税收入促进新能源技术研发的宏观布局，表2-7显示了印度发电装机容量的变化趋势。

表2-7 印度发电装机容量变化趋势

年份	热能/%	核能/%	水电/%	其他可再生能源/%
2008年	64	3	25	8
2009年	63	3	25	9
2010年	64	3	23	10
2011年	65	3	22	11
2012年	66	2	20	12
2013年	68	2	18	12
2014年	68	2	16	14
2015年	69	2	15	14
2016年	69	2	14	15
2017年	67	2	14	18
2018年	65	2	13	20
2019年	64	2	13	22
2020年	62	2	12	24

注：1. 其他可再生能源包括风能、太阳能、沼气、小型水电等。
2. 资料来源于印度中央电力局，2011～2020年度报告。

2.4.4 巴西：能源治理和规划集中化

巴西能源转型由国家能源政策委员会执行，该委员会负责规划资源，包括石油、天然气、电力和生物燃料。正如巴西政府《2050年国家能源计划》所述，能源生产、运输和分配系统日益复杂，为促进更大程度的权力下放，政府在能源部门的角色和绩效正在发生转变。该变化与第482/2012号规范性决议有关，巴西消费者可以利用可再生能源或经认证的热电联产自产电力，将剩余电力供应给当地的配电网络，形成一套基于自由市场的电力体系。

国家乙醇计划是在20世纪70年代国际石油危机期间启动的，在石油短缺和价格上涨的大背景下，巴西政府鼓励使用乙醇这种独立于石油进口的替代能源（Lazaro et al., 2022）。1975年，巴西政府启动了计划，以促进乙醇在交通领域的使用，这也促成了糖乙醇工业的建立。2002年的替代能源激励计划是为了应对2000~2002年的水能危机，当时巴西因缺乏雨水而面临严重的水资源短缺，这影响了水力发电。政府制订计划扩大以天然气为动力的热电发电，并通过使用风能、生物质能等可再生能源实现能源供应的多样化。巴西国家电力局发布的《巴西太阳能发电技术和商业计划》承诺，对投入运行太阳能光伏电站的用户收费优惠80%，优惠期长达10年。巴西国家开发银行承诺为可再生能源相关企业提供长期优惠贷款等。巴西能源转型的关键政策见表2-8。

表2-8 促进巴西能源转型的关键政策

法规/政策	作用及意义
国家乙醇计划76.593/1975	在20世纪70年代第一次石油危机之后，巴西开始推行乙醇替代汽油技术
替代能源激励计划	促进可再生能源生产，有利于分散发电，旨在促进地方能源发展和公共电能服务的普遍化
国家气候变化政策——第12,187/2009号法律第7.390/10号法令	到2020年，国家自主减排承诺将从36.1%增加到38.9%。该法令确立了十年能源扩张计划（PDE）可作为缓解和适应措施的部门计划
圣保罗气候变化政策——州法13,798/2009	采取行动增加可再生能源在圣保罗内外能源结构中的份额

续表

法规/政策	作用及意义
国家自主贡献（2016）	巴西在能源部门做出了两项主要承诺： ① 通过扩大对可再生能源的需求，到2030年实现可再生能源45%占比 ② 到2030年将可持续生物燃料在能源使用中的份额提高到18%
国家生物燃料政策第13,576/2017号法律	寻求增加生物燃料在能源结构中的生产和参与，支持不同生物燃料在国家燃料市场中的竞争性参与，并为巴西履行《巴黎协定》的承诺做出贡献
ANEEL规范性决议482/2012、687/2015和786/2017以及第13,203/2015号法律	微型和微型发电模式受到监管
巴西天然气市场改革法10.712/2021	该法律旨在使天然气市场更加开放、多样化、富有竞争和高效，并调整州和联邦法规

注：数据来源于EPE（巴西能源研究院），MME（矿产能源部），《2050年国家能源计划》。

国家生物燃料政策于2017年推出，刺激了生物燃料生产的扩大。该政策建立了总量控制与交易脱碳信用计划，以促进交通部门的碳减排，实现《巴黎协定》设定的目标。圣保罗州是巴西最大的甘蔗生产地区，占巴西食糖产量的50%和乙醇产量的46.2%。圣保罗州气候变化政策鼓励利用甘蔗渣发电，并发展以太阳能为重点的分布式发电行动能源。

Energy Transition to Address Climate Change

应对气候变化背景下的能源转型

第3章

典型企业应对气候变化与能源转型趋势

3.1 英国石油公司应对气候变化与能源转型
3.2 新纪元能源应对气候变化与能源转型
3.3 安赛乐米塔尔集团（Arcelor Mittal）应对气候变化与能源转型

3.1 英国石油公司应对气候变化与能源转型

3.1.1 英国石油公司的基本概况

英国石油公司（BP）是一家全球性的能源企业，其主营业务是原油开采和加工，提炼、销售和供应石油成品，以及生产和销售化学制品，其上游业务包括油气勘探、油田开发和生产，中游业务包括运输、储存和加工，下游业务主要是负责提供便利性和移动性。此外，BP还涉及风能、海运和生物燃料等业务。其业务范围覆盖全球能源体系，在欧洲、北美、南美、大洋洲、亚洲和非洲均设有经营机构。

2020年，BP发布能源转型全新战略，宣布将从传统国际石油公司（IOC）转型成为国际综合能源公司（IEC），并确定于2050年前实现"零碳"目标，由此BP成为国际石油公司中最早承诺实现"零碳"的公司，引领着行业发展新方向。

根据BP披露的2020财年年报可知，2020年直接排放（scope 1）的二氧化碳和甲烷为4130万吨二氧化碳当量，该排放均来自子公司，相对于2019年的4600万吨二氧化碳当量减少了470万吨二氧化碳当量，与2016年5100万吨二氧化碳当量的总排放量相比也大幅减少。这一减少与许多因素有关，例如部分高污染资产剥离、可持续减排以及新冠病毒感染对全球能源需求的影响。甲烷强度即上游油气的甲烷排放量占进入市场天然气总量的百分比，其中勘探钻井等非生产活动的甲烷排放不包括在内，根据BP年报汇总数据可知，2018年BP的甲烷强度为0.16%，2019年为0.14%，2020年为0.12%，呈现逐年下降的态势。

3.1.2 英国石油公司的能源转型目标

3.1.2.1 企业目标

（1）净零排放目标　BP在2020年发布的可持续发展报告中设定了一系

列净零排放目标,其中包括在2050年前实现运营过程的净零排放、在2050年前实现上游油气生产净零排放、在2050年前将企业销售产品的碳强度削减50%,以及到2023年实现甲烷浓度降低50%的目标。

2050年前实现运营过程的净零排放这一目标,主要涉及企业操作控制范围内运行资产的直接排放(scope 1)和在操作控制范围内基于电或热能使用的间接排放(scope 2)。BP对于运营过程净零的具体目标是2025年将scope 1的直接排放减少20%,2030年则在2019年的排放基础上减少30%～35%。油气生产净零排放是针对除scope 2以外的间接排放(scope 3),scope 3与上游生产中涉及的原油、天然气和液态天然气燃烧产生的二氧化碳排放有关。BP对于上游油气净零的具体目标为2025年减排20%,2030年在2019年的基础上减排30%～40%。2050年前碳强度减半的产品对象,是指BP在市场上销售的能源产品以及未来可能生产的其他产品。基于产品生命周期,BP针对上述产品设定2025年减排5%,并在2019年的基础上实现2030年减排15%的目标。为实现2023年甲烷浓度减半,BP将着力推动合资企业减排,并将整体甲烷浓度目标设定为0.2%。

(2)清洁能源投资目标 随着国际社会对低碳、零碳技术产业的不断重视,全球范围内石油和天然气的投资力度逐渐减弱。BP为实现综合能源转型,减少对石油、天然气等传统业务的投资比例,为新能源提供更多资金,特针对清洁能源的投资和开发设立了相应的目标。2020年,BP已进行了总计7.5亿美元的低碳投资,相较于2019年的5亿美元增长了50%,同时将在低碳重点领域达成新项目协议,继续推进低碳及零碳项目。此外,BP还将开发足够的清洁能源设为企业的能源转型目标之一,具体是指到2030年,BP的可再生能源发电能力将达到50吉瓦,能够满足3600万人的用电需求,同时加大研发力度,探索获得清洁能源的新方法、新路径。

(3)企业内部政策环境目标 为实现企业能源转型,把握企业内部的政策导向和环境氛围也是至关重要的一环。因此,BP在企业排放政策、员工鼓励、气候资金披露以及材料运营原则等方面均设立了具体的目标。在企业排放政策方面,BP希望能更加积极地推行净零排放的政策,其中包括碳定价这一气候政策。在员工鼓励方面,BP将激励全企业员工实现净零目标,动员其成为净零目标倡导者,并期望将领导层和大约2.8万名员工的薪酬与实际减排行动挂钩。在气候资金披露方面，BP 期望在相关资金报道透明度上能达到国际领先水平，起到行业引领示范作用。在材料运营原则方面，BP 旨在通过循环释放新的价值来源。在设计、运营和报废方面遵循循环原则，让材料在整个生命周期中能发挥最大效用。

（4）企业外部环境目标　作为国际能源巨头，BP 业务范围覆盖全球能源体系，企业的外部环境将在一定程度上决定企业的转型效果。因此，BP 在可持续发展报告中对全球贸易协会和全球供应链提出了对应的发展目标与期望。关于全球贸易协会，BP 的目标是能重新审视企业与全球贸易协会的关系，在阐明企业气候观点的同时，求同存异，保持独立自主性。关于全球供应链，BP 则希望能发展一个更具可持续发展的供应链，在加强上下游产业合作力度的同时，嵌入可持续理念，为实现减少排放、促进购买循环的目标而努力。

3.1.2.2　社会目标

BP 作为一家全球性的跨国能源企业，在制定企业能源转型目标的同时，也积极承担着社会责任，并分别从确保转型过程公平公正和促进人与自然可持续发展两方面设立发展目标，具体目标内容如下。

一是确保能源转型过程公平公正，将提高社会福利作为努力方向。BP 极力支持《巴黎协定》，认识到在能源转型的过程中，实现公正转型的重要性，具体体现在向劳动力提供工作并实现高质量就业。为了支持公正的能源转型，BP 的目标是与主要利益相关方合作，为劳动力提供就业过渡，在相互信任和尊重的基础上，与当地社区建立更牢固的关系，提高透明度，以此在转型过程中保障人权。同时，在转型过程中 BP 希望公司员工和客户能够根据各自的不同需求和情况获得更公平的待遇，通过改善员工多样性和工作场所包容性，使客户拥有更具包容性的体验，并计划到 2025 年将供应商多元化（如代表女性或少数群体）的支出增加到 10 亿美元。与此同时，BP 也将提高员工、承包商和当地社区的健康和福祉作为奋斗目标，希望通过推行创新计划和捐赠等方式，提高整个社会的福利水平。

二是努力解决经济、社会、环境三个维度的协调发展问题，实现人与自然可持续发展的目标。第一，在人民生计方面，BP 设立了帮助 100 多万人建立可持续生计和恢复力的目标,并希望通过向劳动力提供优质的工作岗位和公平的工资报酬来支持人民生计,同时通过加大社会投资来支持可持续性目标。第二,在地区脱碳方面,BP希望能创建解决综合清洁能源转型问题的专业团队,从而帮助各个国家、世界各地的城市和企业实现脱碳这一目标。第三,在水资源保护方面,BP设立了2035年目标,即到2035年BP在全球范围内提供补充的淡水量要超过业务活动消耗的淡水量,因此需要提高淡水使用率和废水管理运作效率。第四,在生物多样性方面,BP期望通过企业行动,恢复、维护和增强生物多样性,具体目标是从2022年起,所有新项目都将制订实施计划,并在项目获批的5年内实现90%,同时BP还致力于提高主要运营地点的生物多样性,通过追加投资的方式来支持恢复生物多样性和可持续利用自然资源项目,以此影响和促进生物多样性的行动进程。第五,在生态环境保护方面,BP的目标是倡导基于自然的解决方案(NbS),在企业运营活动和业务活动中为生态圈可持续发展目标提供价值和贡献,并基于经过认证的自然气候解决方案(NCS)来开拓市场,帮助世界减少森林砍伐,实现碳减排、碳中和,以帮助社会转向可持续发展道路。

3.1.3 英国石油公司应对气候变化与能源转型的战略

3.1.3.1 战略重点领域

传统能源企业为应对气候变化所采取的能源转型战略,既需要符合企业当前高碳能源占比较高的实际运营情况,又要帮助企业尽快步入能源低碳转型发展轨道。因此,BP经过综合考量,确定了企业从传统国际石油公司转型成为国际综合能源公司的三个战略重点领域,即低碳电力与能源、便利性与移动性、集中且具有弹性的碳氢化合物,并通过对企业组织进行转型,以此适应长期的能源转型。

(1)**低碳电力与能源** 扩大企业的可再生能源产品组合,其中可再生能源包括海上风能和太阳能;在选定的发达市场和新兴市场中,积极建立综合低碳电力系统,扩大交易电力总量,奠定综合低碳电力地位;以企业上游天然气、液化天然气产品组合的高价股权和企业营销能力为基础,在国际社会上发展企业的综合天然气地位；扩大企业的生物能源业务，专注于生物燃料、沼气和生物能源；加速研发氢能及碳捕获、利用和封存技术，在氢能和CCUS方面占据先机。通过天然气和低碳能源业务结合，有助于扩大企业生产规模，这在能源转型中可发挥重要作用。而上述活动则形成了一个综合的低碳投资组合，将有助于BP实现从国际石油公司转型成为综合能源公司的目标。

（2）**便利性与移动性** BP将客户置于战略选择的核心位置，通过继续关注客户并响应其不断变化的需求，来重新定义便利性，并增加企业在市场和下一代移动解决方案（包括电气化、可持续燃料和氢）中的差异化产品。其中，便利性目标包含到2030年实现客户接触点大于2000万个，战略便利站点大于3000个，成长型市场中的零售点大于8000个；移动性目标包含到2030年实现电动汽车充电桩大于7万个。

（3）**集中且具有弹性的碳氢化合物** 碳氢化合物业务对于企业向综合能源公司的转型至关重要，BP始终把安全放在首位，旨在消除改变生活的伤害和最严重的过程安全事件；减少排放，与企业净零排放目标保持一致，同时提供世界所需的能源；转变运营方式并提高企业生产经营管理效率；通过投资效率和高评级来维持有弹性的投资组合。生产出世界需要的经济实惠碳氢化合物能源和产品。

3.1.3.2 战略举措

BP为应对全球气候变化，推动企业能源转型，主动优化企业能源投资组合，采用清洁燃料，运用CCUS和森林碳汇技术，改进运营关键技术，提高企业内部环保激励，重视循环发展理念，积极促成企业间低碳发展合作，其战略举措如下。

（1）**优化企业能源投资组合，采用可再生能源替代传统化石能源** 2020年，BP已进行了总计7.5亿美元的低碳投资，并完成对绿色增长股票基金（GGEF）的投资，从而迅速推广商业上可行的低碳解决方案。在运营电气化方面，BP通过中央设施的建造和电气化，在2020年实现了总计超过245千吨二氧化碳当量的可持续减排，大幅降低了甲烷排放量。在风电方面，2021年BP与挪威国家石油公司（Equinor）达成了美国海上风电战略合作伙伴关系，利用海上风能实现可再生电力的增长，该合作伙伴关系预计将开发高达4.4吉瓦的海上风力发电。在太阳能发电方面，英国石油太阳能合资企业（Lightsource BP）是太阳能项目开发和管理的领导者，其在西班牙开设了太阳能工厂集群，该项目建成后预计可再生能源发电能力将达到247兆瓦，可为5万户家庭提供清洁能源。

（2）采用低排放或无排放燃料，有效减少温室气体排放　在可持续航空燃料方面，BP与Aria Energy合资形成美国运输业最大的可再生天然气供应商之一，也是可持续航空燃料营运者之一，到2020年底已经为6个国家的18个机场提供了可持续航空燃料，该合资公司的目标是到2030年能占据全球可持续航空燃料销量的20%。在氢燃料方面，BP于2021年3月宣布开发英国最大的蓝氢生产设施，目标是到2030年生产1吉瓦的蓝氢，而通过与德国莱茵集团合作，BP计划建设绿氢电网，该电网可能包括绿氢生产、运输和工业使用。

（3）运用CCUS和森林碳汇技术，积极开展固碳活动　在CCUS方面，BP相信CCUS技术可以在限制排放方面发挥重要作用，因为CCUS可以显著减少燃气发电和能源密集型行业的排放，它可以与天然气一起生产蓝氢，也可以与生物质一起生产可再生氢。BP主导的Net Zero Teesside（NZT）项目，旨在交付英国第一个投入使用的CCUS燃气发电站，并使Teesside的碳密集型企业脱碳，而Northern Endurance Partnership（NEP）项目是BP在英国北海开发共享的海上CCUS基础设施，旨在减少排放。在森林碳汇方面，BP收购了碳抵消开发商Finite carbon，通过该公司的一系列活动，增加了森林中储存的碳，产生了符合行业公认标准并可在市场上交易的碳抵消。

（4）对企业运营的配套关键技术进行改进，提升管理精度和效率　企业可通过改善物流以减少燃料消耗，对卡车、船舶和直升机等物流设备进行协调，以优化运输时间和运输量，可使用物联网传感器、数字孪生和虚拟现实等数字化工具模拟场景、监控操作、跟踪排放与能源使用情况。而BP主要通过使用数字计量，帮助企业减少甲烷排放。例如，在克莱尔油田，BP使用配备先进传感器技术的无人驾驶机进行测量计算，同时还与油气气候倡议组织合作，由此支持甲烷减排量和甲烷测量技术的改进。新测量技术的应用标志着企业在检测、量化和减少甲烷排放的方法上迈出了重要一步。此外，BP还对从卫星、无人机和飞机中测量甲烷的技术进行了投资。随着甲烷探测和测量技术的快速发展，企业能够有效提升测量精度和测量效率。

（5）提高企业内部能源管理和碳排放管理，形成内部激励　在企业碳排放透明度方面，BP扩大了气候相关财务披露工作小组（TCFD）的披露内容，详细披露了管理、战略、风险和度量四个方面的情况，2021年BP将继续探索与TCFD或相关伙伴直接合作的方式，以开发与气候相关的报告。在内部激励方面，2019年BP将所有员工的年终奖与可持续减排挂钩；2020年将与低碳相关的高层领导股权奖励比例从5%提高到30%；2021年推出"彻底改造BP"股票奖励，所有为实现净零、改善人们生活和保护地球目标奋斗的员工，将获得一次性授予的股票或股票期权，该股票将在2025年保留、出售或转让，由此鼓励员工实现企业低碳转型目标。

（6）重视循环发展理念，贯穿企业生产运营过程　随着加快循环经济的进程，BP预计循环使用将为企业创造新的收入，节约不必要的经营成本，形成新的商业合作模式，改善原本固有的资源使用方式，由此达到改善顶层设计和底层绩效的作用。2020年，与塑料再生集团Brightmark签订了长期承购协议的BP，将承购从塑料中提取的无法机械回收的燃料和石化原料。与此同时，BP与Brightmark开始评估全球扩张机会，共同目标是从浪费中创造价值，走向循环经济。而BP在欧洲的便利和移动业务中设立的目标是到2025年，英国石油所有食品品牌的所有包装（包括野豆咖啡杯），都是可重复使用、可回收或可生物降解的。不仅在BP母公司如此，BP旗下子品牌嘉实多也设立了相应的目标，具体内容是减少每升产品中无法回收的原始塑料使用量，帮助其商业客户节约能源和资源并减少浪费。

（7）促成企业低碳发展合作，形成可再生能源转型共赢局面　云服务提供商的数据中心是全球电力需求增长最快的地区，到2030年数据中心的电力需求将占全球电力需求的8%，因此云服务提供商的采购部门寻求和能源企业合作，通过低碳产品和合作伙伴关系，加速行业向可再生能源的转型。BP已经与微软签署了行业领先的可再生能源协议，并在一系列新的清洁能源协议中，与亚马逊达成一致，将向亚马逊的欧洲业务提供三倍以上的可再生能源，帮助亚马逊向100%使用可再生能源目标迈进。与此同时，亚马逊将帮助BP提供创新技术，加快BP基础设施和运营数字化项目的建设。这种传统能源企业与新兴技术企业合作的模式，将有助于形成能源-技术互换互助良性循环，可为国际大型企业的减排转型事业助力。

3.1.4 英国石油公司应对气候变化与能源转型的经验与启示

作为跨国能源企业的代表，英国石油公司率先做出从传统国际石油公司转型成为国际综合能源公司的重要战略决定，积极设立企业净零目标，即在2050年或更早实现企业运营过程净零排放，在2050年或更早实现上游油气生产净零排放。除企业2050净零目标外，BP还针对碳强度、甲烷浓度、清洁能源投资力度、企业内部和外部环境提出具体的期望目标，从而打造低碳资产组合，致力于让企业每个组成部分都实现低碳节能发展，由此可见BP对于企业能源转型的决心。同时，BP还积极承担社会责任，将企业能源转型过程公平公正和促进人与自然可持续发展也作为转型的重要目标，由此体现了BP在能源行业的引领和示范作用。针对企业减排净零目标和社会发展目标，BP制定了有效的应对战略，从低碳电力与能源、便利性与移动性、集中且具有弹性的碳氢化合物三大重要战略领域入手，采取了优化能源投资组合、使用清洁燃料、运用CCUS固碳技术、提升运营关键技术、实行企业内部激励、重视循环发展理念、促进企业间合作等一系列有效的能源转型措施，该企业的转型路径和经验可供同类型能源企业学习借鉴。

因此，根据BP应对气候变化与能源转型的经验，可以得出以下启示：一是企业需制定明确的净零排放目标。在设定了具体的净零项目和完成时间后，企业可根据目标，结合企业自身能源结构和排放情况，进行针对性的战略部署。传统能源企业进行能源转型是一项系统性工程，转型涉及生产、经营、销售、投资、运输各个环节，因此只有明确最终目标，才能逐一落实转型任务。二是企业能源转型策略应多措并举。从传统能源企业向国际综合能源公司转型，不能只依靠调整能源结构或低碳能源技术。能源企业应考虑多种渠道，例如以加大清洁能源投资力度、打造低碳资产组合为主，以增加低碳电力和生物能源的供应、发展CCUS和森林碳汇技术固碳、开发更高效低碳的燃料等渠道为辅，加大转型力度，提升转型效果。三是企业可通过内部激励营造良好转型生态。面对各个环节的要求与命令，企业员工由于缺乏内在减排动力，转型进程往往较为缓慢。若将高管和员工薪酬与碳减排业绩挂钩，则能有效提升企业内部减排激励，由内驱动企业减排动力，为企业营造良好的转型氛围。四是企业可通过加强跨界合作实现共赢。随着世界主要经济体净零目标的明确，全球各个行业的企业均存在低碳运营的转型需求，能源企业需要调整为更清洁的能源结构，同时还需要清洁的运输航线和先进的数字技术，而跨国运输公司需要更清洁的能源，大型科技公司需要更环保的电力供给，因此企业间若进行跨界合作，将能各取所需，形成高效的互助网络，实现减排共赢。

3.2 新纪元能源应对气候变化与能源转型

3.2.1 新纪元能源的基本概况

新纪元能源（NextEra Energy，NEE）于1984年在佛罗里达州成立，目前是佛罗里达州最大、全美第四大电力公司。NEE自成立以来一直高度重视可再生能源发展，1989年就部署了第一台风机，1997年成立了专注于清洁能源的子公司——新纪元能源资源（NextEra Energy Resources，NEER）。从2009年至今，NEE稳居于北美可再生能源发电公司的领导者地位。NEE经营各类发电事业，包括风力发电、太阳能、水利、核能及天然气销售，公司开发、建设、经营发电厂并提供电力输送服务。

NEE主要在两大业务中创造价值：佛罗里达电力照明公司（Florida Power&Light Company，FPL）和新纪元能源资源（NEER）。FPL是NEE的基石公司，集"发输配售"为一体，是佛罗里达州最大的电力公司。2019年1月NEE收购了佛罗里达州西北部电力公司Gulf Power，此次收购使NEE在佛罗里达州的住宅客户基础扩大到州人口的约51%。2021年1月1日，FPL与Gulf Power完成合并。合并后，FPL通过560多万个客户账户为1100多万人提供电力服务。FPL的战略重点是投资发电、输电和配电设施，持续提供低费用、高可靠性、卓越的客户服务和清洁能源解决方案，FPL带来的收入占NEE的约70%。

2020年，NEE所生产的近98%电力是由清洁或可再生资源的多样化组合产生的，包括风能、太阳能、天然气和核能。NEE是北美所有公用事业公司中排放最低的公司之一。2020年，NEE的二氧化硫、氮氧化物和二氧化碳排放率分别比美国电力部门平均水平低97%、79%和47%。

3.2.2　新纪元能源应对气候变化与能源转型的主要目标

为应对全球气候变化，电力行业需致力于推动社会向绿色发展转型，以能源高效利用、清洁能源开发、生产方式和产业结构转变为核心，大力发展低碳经济，进而引领能源革命。对此，美国埃克西尔能源公司（Xcel Energy）、杜克能源公司（Duke Energy）、道明尼资源公司（Dominion Energy）等均已自愿承诺到2050年实现排放完全脱碳。但NEE并未做出长期的碳承诺，NEE的主要目标是到2025年将其二氧化碳排放量较调整后的2005年基线减少67%，这相当于在2005～2025年预期发电量增加一倍多的情况下，二氧化碳的绝对排放量减少近40%。从2005～2020年，NEE的二氧化碳排放率已降低56.6%，二氧化碳绝对排放量已减少24.2%，清洁电力发电已增加74.6%。图3-1比较了NEE与美国电力部分平均碳下降率。

根据NEE做出的情景分析，通过低成本可再生能源与储能系统相结合，即使在没有碳价约束的情况下，也可以在2050年前实现美国电力部门的完全脱碳目标。对此，全美需致力于新增可再生能源装机容量约3600吉瓦，即平均每年有超过100吉瓦的可再生能源装机容量新增。故预计在未来十年，全美可再生能源市场将以每年大于15%的速度增长，风能和太阳能在全美发电组合中的份额可能从2019年的不到10%增长到2030年的至少40%。NEE长期以来一直走在应对气候变化的最前沿，鉴于可再生能源巨大的市场潜力，NEE未来将积极致力于可再生能源部署，推进可负担、可靠、可持续的清洁能源供应。

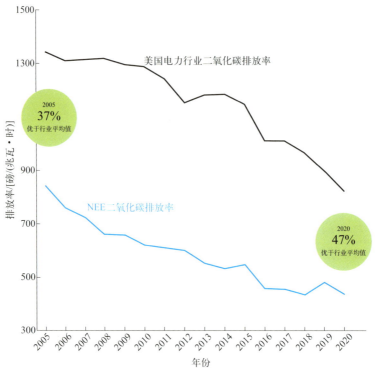

图 3-1　NEE 与美国电力部门平均水平的二氧化碳排放率
数据来源：2021NEE 公司 ESG Report 报告
注：1 磅 ≈ 0.454 千克

3.2.3　新纪元能源应对气候变化与能源转型的战略

在全球 1.5℃温控目标的指引下，NEE 的新能源发电业务已驶入快车道。为实现其至 2025 年二氧化碳排放量较调整后的 2005 年基线减少 67% 的目标，NEE 从装机结构清洁化、装机容量扩大化、供电协议协同化、电网智能化和交通运输可持续化五个领域展开部署，具体见图 3-2。

（1）装机结构清洁化　NEE 风电从 2015 年的 10.6 吉瓦提升到 2020 年的 16.1 吉瓦，占比从 26.66% 增长至 30.72%；太阳能发电从 2015 年的 1.2 吉瓦提升到 2020 年的 5.4 吉瓦，占比从 3.10% 调整至 10.38%。风电与太阳能发电的快速发展主要源于技术进步和成本下降，风电光伏已成为最具经济型电源。自 2001～2021 年，NEE 已节省 113 亿美元的燃料成本，避免了超过 1.65

第3章 典型企业应对气候变化与能源转型趋势

图 3-2　NEE 应对气候变化与能源转型的五个战略

亿吨的二氧化碳排放量。自 2015～2021 年，FPL 已经永久关闭了 2133 兆瓦煤炭产能，其最后一座燃煤发电厂 Indiantown 于 2021 年正式关闭。FPL 下一阶段的主要发展目标为集中部署太阳能。2019 年，FPL 宣布到 2030 年安装 3000 万个太阳能电池板的"30 到 30"计划，将大力推动佛罗里达州在太阳能生产方面成为全球领先地位。截至 2021 年 5 月，FPL 已完成"30 到 30"目标的约 40%。除此之外，FPL 将投资 6500 万美元，将使用 20 兆瓦的电解槽从太阳能生产 100% 的绿色氢气。如果该项目获得国家监管机构的批准，将于 2023 年上线，这将成为 NEE 迈向绿氢的第一步。绿氢计划当前在世界上处于起步阶段，但其概念已迅速普及，其是使能源系统完全脱碳的潜在可行方法，从而使其应用范围超越了简单的可再生能源发电。

NEE 旗下另一子公司 NEER 作为清洁能源的领导者，其核心业务是建立和发展世界领先的风能和太阳能。近十年来，NEER 在风能和太阳能领域投资超过 340 亿美元，不断推动其行业发展。随着 NEER 在 47 个州开展可再生能源运营和开发项目，其通过制定零排放可再生能源解决方案，帮助美国各州和企业达到可再生能源投资组合标准（RPS）和减排目标。截至 2020 年，NEER 约占 31% 的美国风能发电市场份额和 12% 的美国通用太阳能发电市场份额。

近年来，公司燃气发电、核电和煤电装机的规模基本维持稳定，但风电和太阳能发电的装机规模持续增长，装机结构清洁化速度加快。目前，NEE 已形成了以风电为主，太阳能、核能为辅的清洁能源生产模式。根据美国咨询公司 Lazard 评估的数据，从 2009～2020 年，美国风电度电成本已从平均 135 美元/（兆瓦·时）下降到 40 美元/（兆瓦·时），十年降幅高达

70.4%；光伏度电成本已从平均358.5美元/（兆瓦·时）下降到36.5美元/（兆瓦·时），十年降幅高达89.8%。但是核能的装机容量整体保持稳健，主要由于核能投资大、安全约束过高。

当前，NEE的风电和太阳能发电占比合计约41%。鉴于美国对风电光伏投资设立的税收抵免政策（ITC），如在光伏方面，在2019年前开始建设并在2023年底前完成的光伏项目可享受30%的投资税收抵免，到2022年底前开始建设的项目税收优惠26%，在2023年下降到22%，在2024年将下降到10%；在风电方面，2025年底前建设的风电项目将享受60%的生产税收抵免额度，风电光伏成本将进一步降低，新能源投资的积极性将进一步提升。政策持续推动可再生能源发电经济性提升，清洁能源具有较大的发展潜力，NEE在该背景下坚持集中部署可再生能源的战略选择，其装机结构未来将更清洁化。

从FPL和NEER两个子公司来看，FPL以燃气发电为主，总装机量从2015年的25.3吉瓦增长至2020年的28.4吉瓦，随着太阳能发电占比的大幅提升，其燃气发电占比从2015年的82.67%调整至2020年的77.45%。NEER以风电为主，总装机量从2015年的10.6吉瓦增长至2020年的16.1吉瓦，占比从73.84%调整为67.25%；其太阳能发电从2015年的1.1吉瓦提升为2020年的3.2吉瓦，占比从7.83%增长至13.22%。具体可见表3-1和图3-3。

表3-1　FPL、NEER和NEE历年装机结构　　　　单位：兆瓦

项目	2015年	2016年	2017年	2018年	2019年	2020年
FPL合计（以下为FPL数据）	25254	26017	26578	24510	27440	28414
天然气发电	20878	21417	21978	19542	22170	22008
核电	3453	3453	3453	3479	3479	3502
太阳能发电	110	259	259	855	1157	2270
煤电	888	888	888	634	634	634
NEER合计（以下为NEER数据）	14317	19882	19060	21000	21900	23900
风电	10571	13852	13111	13529	14111	16073
太阳能发电	1121	2108	2024	2313	2662	3160

续表

项目	2015年	2016年	2017年	2018年	2019年	2020年
核电	1621	2723	2723	2723	2723	2292
天然气发电	1004	1201	1201	2420	2404	2375
NEE合计（以下为NEE数据）	39646	45901	45637	45495	49340	52314
天然气发电	21882	22618	23179	21962	24574	24383
风电	10571	13852	13111	13529	14111	16073
太阳能发电	1231	2367	2283	3168	3819	5430
核电	5074	6176	6176	6202	6202	5794
煤电	888	888	888	634	634	634

注：数据来源于公司年报。

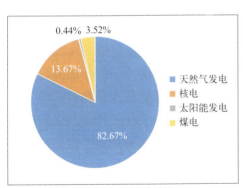

(a) 2015年FPL装机结构

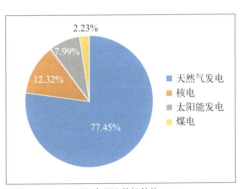

(b) 2020年FPL装机结构

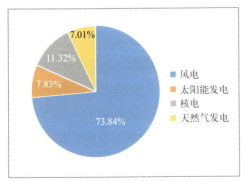

(c) 2015年NEER装机结构

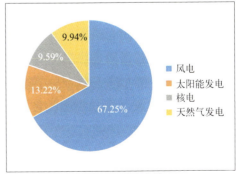

(d) 2020年NEER装机结构

图 3-3

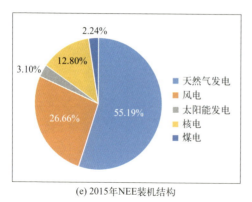
(e) 2015年NEE装机结构

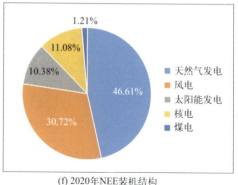
(f) 2020年NEE装机结构

图3-3　FPL、NEER和NEE装机结构2015年与2020年比较

（2）装机容量扩大化　为进一步扩大装机容量，NEE致力于将可再生能源与低成本储能相结合。可再生能源存在的主要问题之一是风能和太阳能具有较强的不稳定性，与石油、天然气、核能等稳定能源来源相比，可再生能源的间歇性具有一定劣势，故储能被认为是不稳定可再生能源与实现持续功能的可再生电力之间的关键连接。为此，NEE积极投资部署储能系统，以此来提升装机容量，并抵消运行其他发电厂需要，进而实现规模经济。图3-4比较了世界主要能源公司的装机水平。

图3-4　全球绿色能源巨头装机量变化（袁锐，2021）

数据来源：Bloomberg

NEE旗下子公司FPL致力于建立全球规模最大的与太阳能发电设施配套部署的电池储能项目，该项目被称为Manatee储存系统，容量为409兆瓦，将能够向用户提供900兆瓦电力。储能中心主要优势在于，当电力需求较高时，运营商可以从储能系统中配置能源，抵消运行其他发电厂需要，从而减少排放，并通过避免燃料成本来减少用户支出。据估计，Manatee储能系统将减少用户支出超过1亿美元，并避免了100多万吨的二氧化碳排放。该项目以及在附近地区部署的一些规模较小的太阳能发电设施和储能系统运营后，将促使FPL退役两座总装机容量为160兆瓦的天然气电厂。FPL的目标是至2030年在其服务区域内增加部署总装机容量为700兆瓦的电池储能系统。子公司NEER则重点混合部署风力发电设施与储能系统，其预计至2024年建设22675～30000兆瓦的可再生能源发电站，其中在2023～2024年再增加12150～17300兆瓦。新增加的最大部分将来自太阳能装置，2023～2024年为7000～8800兆瓦。风电方面，到2024年还将新增2250～3500兆瓦，具体见表3-2。

表3-2　NEER未来风电、太阳能发电和储能装机规划　单位：兆瓦

项目	2023～2024签约	2023～2024规划	2021～2024规划
风电	710	2250～3500	5950～7900
太阳能发电	4739	7000～8800	11800～14400
储能	1464	2700～4300	4350～6300
老风机改造		200～700	575～1400
合计	6913	12150～17300	22675～30000

注：数据来源于2021年8月投资者交流报告。

（3）供电协议协同化　NEE高度重视供电协议，致力于供电协议容量与装机规模协同发展，以保证长期稳定供应。NEE签订的供电协议大多数是超过一年的长期合同，旗下子公司NEER自2015年起将长期合同资产的开发、建设和运营作为重要发展战略，在2015～2017年间供电协议的销售占比大幅度提升，目前公司有超过90%的销售通过供电协议进行。另一子公司FPL客户群体主要为居民，虽然无法与居民实行长期协议，但鉴于其在佛罗

里达州电力市场上较强的竞争优势，其客户群极为稳定。

分类型而言，NEE签订的供电协议集中于可再生能源供电协议，同时又以风能协议为主。NEE协议容量与装机容量实现同步增长，由于风电装机规模迅速扩张，风能协议容量也大幅度提升，自2017年以来风能装机容量100%由供电协议容量组成；核能供电协议容量则较为稳定，在核电装机中占比60%；太阳能供电协议容量稳步增长，每年新增约300兆瓦供电协议，基本与新增太阳能装机持平（袁锐，2021）。

（4）电网智能化　　电能最大特点之一是不易被大规模储存，因此传统电网运营管理上总是让发电端的输出功率和负载端的用电负荷尽可能匹配（张瑶等，2021）。但鉴于光伏和风电两种新能源出力不稳定，其时间特性导致其在生产端产生了和需求的时间错配，并可能因为波动威胁电网安全。为此，NEE在积极推进可再生能源在电网中占比提升的同时，也积极部署智能电网技术，通过先进的传感和测量技术、控制方法以及决策支持系统技术的应用提高电网应对可再生能源挑战的能力。智能电网是在传统电网结构的基础上，实现了电能"发输配用"全环节数据的双向交互，电能控制、调度等环节都得到了极大拓展，能够根据用电端的电能消耗情况及时调度全环节电能"发输配用"情况，从而实现电网智能化、自动化和弹性化。

NEE旗下子公司FPL近年来积极投资于智能电网，通过安装智能电表和智能电网的其他组件，减少停电事故、缩短停电时间并削减客户电费支出。早在2013年，FPL便投资运营了美国首个完整的智能电网，覆盖了450个智能电表和10000多台相关设备。智能电网可以提供电网状况和性能的实时信息，及时识别停电事故，诊断事故原因，并帮助FPL更快重启电力和确定电力是否恢复；在电力出现故障时，其能够实现电力改道，使停电局限于较小范围；并且可以通过先进技术与FPL进行远程通信，为FPL用户提供大量有用信息，帮助用户更明智地做出节电决定，进而提升FPL用户满意度。

（5）交通运输可持续化　　交通运输行业是全球第三大温室气体排放源，实现交通网与能源网有机融合已成为实现气候目标的关键所在，交通运输可持续化是能源转型升级的重要途径。NEE抓住交通电气化的发展机遇，在发电转型的同时积极推进交通运输可持续化。

子公司FPL 2019年便启动了可持续交通运输计划，计划将于佛罗里达州的100多个地点安装电动汽车充电站，覆盖公园、购物中心和一些雇佣数千名佛罗里达居民的大型公司。该计划新增充电站1000多个，将使充电机会增加近50%，大大增加了佛罗里达州的电动汽车充电基础设施。与此同时，FPL还促进了校车的电气化，在其与西棕榈滩市的合作中，宣布了佛罗里达州的首批电动校车。这五辆公共汽车将为该市的公园和娱乐部门提供支持，还将存储清洁能源，以使所有FPL用户受益。此外，FPL在驾驶电动汽车方面致力于在2030年前将其60%的轻型汽车转换为电动或插电式混合动力车，进一步助力交通运输可持续化，帮助其成为佛罗里达州清洁交通的领导者。

3.2.4　新纪元能源应对气候变化与能源转型的经验与启示

当前NEE的规模和利润还无法与石油、矿业巨头相匹敌，但在过去十年中，相比美孚石油总市值的大幅缩水，NEE的市值获得稳步提升，这显然是市场对NEE积极部署可再生能源战略的积极回应，更表明能源结构调整趋势已经明朗并成为市场共识，直接消费的化石能源将逐步萎缩，电力企业将成长为舞台中心的主流能源公司。中国电力企业也一直高度重视可再生能源发展，积极参与能源变革。中国光伏、风电等可再生能源领域已经达成世界领先水平，技术与上下游产业逐步走向成熟，未来光伏装机量以及发电量将不断升高。根据国家发展和改革委员会能源研究所发布的《中国2050年光伏发展展望（2019）》，截止到2035年全国集中式光伏装机量将达到405吉瓦，分布式光伏装机量将达到325吉瓦，可再生能源发电装机将不断提高。但鉴于各类新能源、电网和储能路线具有很强的不确定性，转化为具有市场竞争力的产品还面临无法预料的障碍，中国企业在坚持稳定新增可再生能源发电装机的同时，应关注以下问题。

（1）科学发展储能，推动"可再生能源+储能"深度融合　储能是保障可再生能源消纳，推动可再生能源实现对煤电大规模替代的关键技术。首先，应加快储能技术推广应用，把储能融入电力系统发、输、用各环节，加强统筹规划和科学布局，提升系统灵活性和调节能力，保障电力可靠供应。其次，应加快发展电源侧储能，加快电化学储能在风能、太阳能电站应用，在有条件的地区发展压缩空气等长时间、大容量储能，在西部、北部地区适当开发光热发电，多措并举提升新能源发电的稳定性和电能质量。同时，应科学配置电网侧储能，因地制宜开展常规水电机组扩容和抽蓄改造，进一步提高调节能力，适量布局电化学储能，形成以抽水蓄能为主、电化学储能为辅的电网侧储能体系。

此外，应创新发展用电侧储能，以合理价格机制引导电动汽车参与电网调峰，提高用户侧灵活响应水平，探索新型储能模式，积极推广清洁电制氢、甲烷等燃料和原材料，丰富储能体系和能源供应方式。最后，应利用电力市场化建设合理解决可再生能源并网这一问题（林伯强，2021）。在电力现货市场中，储能技术价格的实现依赖于电力现货市场提供的价格信号以及辅助服务市场提供的价格补偿。然而，目前电力现货市场的建设尚未完成，辅助服务市场的建设也相对滞后，未能形成长期稳定的市场化收益机制。对此，应加快探索建立成熟的电力现货市场和辅助服务市场，为储能技术提供有效的市场价格信号和明确的价格补偿。

（2）**发展长期供电协议，解决清洁能源消纳**　美国电力市场化改革的一项重要成果和先进经验便是长期供电协议占整个供电协议的大部分，通过长期合约协调产能和需求的关系，以此来解决能源消纳问题。而中国电力市场化改革开始较晚，政策的变化比较剧烈，各方对于电力商品的认识还不清晰，全国签订的购售电合同基本上是合约期限一年以内的短期合同。国内煤炭市场的长期合约渐成主流，国家发改委规定大型电力和煤炭企业的动力煤长期合约要达到90%，这可以作为供电协议下一步努力的方向。中国应重视长期供电协议发展，在清洁能源发电高速发展的背景下，加强长期供电协议提升与清洁能源发电量中长期发展规划统筹协调，进而深入推进电力市场化改革，以市场化方式促进清洁能源消纳利用。

（3）**协调发展智能电网，提高电网安全水平**　智能电网是减少排放和实现可持续发展目标的有力工具，同时可为用户提供更好地控制能源消耗和成本的机会（姚金楠，2019）。对此，应加快构建以特高压为骨干网架，各级电网协调发展的坚强智能电网，全面提高电网安全水平、配置能力和运行效率，促进清洁能源大规模开发、大范围配置和高效利用。同时，推动大数据、云计算、物联网、移动互联、人工智能等现代信息通信技术与电力系统深度融合，不断提升电网智能化水平，更好适应清洁能源开发和电能替代需要。大力构建智能互动、开放共享、协同高效的现代电力服务平台，促进"源 - 网 - 荷 - 储"协调发展，满足各类分布式发电、用电设施接入以及用户多元化需求。深挖需求侧响应潜力，通过加强需求侧智能管理，提升灵活调节能力，降低峰谷差，更好满足能源消纳需要。

（4）深化国际合作，推动全球能源互联网发展　　全方位加强国际能源合作是推动能源高质量发展、实现开放条件下能源安全的必然要求（刘振亚，2020）。要统筹利用国内外两种资源、两个市场，积极推动国外优质、经济的清洁电力"引进来"和我国技术、装备、产能"走出去"，积极推动和引领全球能源互联网发展，全面提升我国能源电力发展质量和效益。应发挥我国电力行业综合优势，强化全产业、跨领域资源整合和优势互补，围绕全球能源互联网联合开展技术攻关、项目开发、市场开拓，创新商业模式，打造新的效益增长点。发挥全球能源互联网发展合作组织平台作用，推动能源电力上下游企业加强资源共享、需求对接和项目合作，积极参与全球能源互联网建设，推动中国倡议早日落地实施。

3.3　安赛乐米塔尔集团（Arcelor Mittal）应对气候变化与能源转型

3.3.1　Arcelor Mittal 的基本概况

Arcelor Mittal 是现今全球规模最大的钢铁制造集团，在60多个国家雇用32万名员工，总部位于卢森堡。根据世界钢铁协会（World Steel Association）发布的《世界钢铁统计数据2020》，2020年 Arcelor Mittal 的粗钢产量共计7846万吨，名列全球第二。Arcelor Mittal 在汽车、建筑、家用电器、包装等领域占据全球领先地位，集团在欧洲、亚洲、非洲和美洲的27个国家拥有分支机构，业务范围覆盖新兴市场与成熟市场。

3.3.2　Arcelor Mittal 应对气候变化与能源转型的主要目标

Arcelor Mittal 的目标是到 2030 年将二氧化碳排放强度降低 25%，其中在欧洲的减排目标是到 2030 年将二氧化碳排放强度减少 35%。此外，Arcelor Mittal 也承诺到 2030 年将全球钢铁和采矿业务的二氧化碳排放强度降低 25%，将欧洲的减排目标从 30% 提高到 35%，进而到 2050 年在全球实现净零排放。净零排放目标具体包括以下方面。

炼钢：净零排放就意味着核心炼钢排放源边界内的所有排放都被纳入一个净零目标。其中，具体包括炼钢的核心碳排放，无论垂直一体化水平如何，包括发电废气的排放，铁矿石还原剂的加工，对炼铁和炼钢必不可少的其他半成品（如石灰、球团和焦炭），以及未来的氢能和生物质能。

副产品：识别不同的炼钢技术生产出各种其他产品，以达到直接替代其他行业生产需求的目的，如水泥。基于此，将碳排放分配到工业生产的除钢铁以外的所有副产品，为产品设置正确的碳负担，并确保采取最佳的技术决策，以实现碳中和。其中，这些副产品具体包括水泥、电力，以及塑料的基本组成部分。

矿业和航运：Arcelor Mittal 的最终目标是努力实现整个价值链的净零排放，这是其 2050 年净零排放目标的一部分，包括矿业和航运排放。Arcelor Mittal 大量的铁矿石开采活动提供了一个优势，这种垂直整合加强了其制定 DR 颗粒生产和采购长期计划的能力。此外，Arcelor Mittal 正在与其航运伙伴合作，开发符合国际海事组织战略的脱碳手段。

钢铁行业将会成为去碳减排的重点部门，对于实现 2050 年碳中和越来越必要，并将对 21 世纪下半叶碳中和的成果产生重要影响。作为各种有限生物能流中最高效的能源用户之一，与电力和水泥等其他行业相比，钢铁行业在过程结束时更容易捕获二氧化碳。因此，钢铁有潜力成为利用生物能源和碳捕获与封存（BECCS）从大气中去除二氧化碳的关键行业。

3.3.3　Arcelor Mittal 应对气候变化与能源转型的战略

Arcelor Mittal 为了实现其净零排放目标，助力 2050 年实现碳中和，设计了技术路线图，其中主要的努力方向分为以下十个方面。

（1）**炼钢转型**　在未来几十年，钢铁行业将经历一场100多年未见的钢铁生产资产转型。这包括将炼铁过程从高炉-氧气炉转变为直接还原铁（DRI），从烧结工厂的铁矿石制备（使用加热或压力使材料致密化）转变为球团工厂（将铁材料压缩或模压成球团的形状）。在DRI中用球团炼铁通常与电炉冶炼结合在一起。从历史上看，除了天然气价格非常低的地区外，DRI-EAF（直接还原铁-电弧炉）的使用非常有限。然而，考虑到碳成本的增加和减排的要求，过渡到以天然气为基础的DRI-EAF技术可能是第一步，该技术已得到验证，有潜力通过使用绿氢得到进一步创新和脱碳。

（2）**能源转型**　近几十年来，通过多种技术，钢铁行业在高炉转炉炼钢过程中的能源高效利用方面取得了巨大的效率提高。减少二氧化碳排放的进一步创新还在继续发展，例如在高炉风口使用焦炉煤气，利用煤气中丰富的氢含量。然而，这些创新仍然严重依赖于化石燃料的使用。未来几年用于炼钢的能源将进一步和更彻底地转变为清洁能源载体。这将涉及转向一种或三种替代能源的组合：清洁电力（可能以绿氢的形式），继续使用化石碳与CCUS结合，以确保无碳排放，以及通过自然或合成碳循环使用循环碳。自然碳循环包括利用可持续的林业和农业残留物来生产用于炼钢的生物能源。利用这种生物能源产生的排放将被利用生物质废物的再生所捕获。合成碳循环利用废塑料作为能源，通过CCUS将废气中的碳转化为等效的新塑料，并确保不产生任何排放。

（3）**增加对废料的利用**　除了在电弧炉中使用废钢外，还可以通过改进废钢分选和分级、安装废钢预熔炼技术、调整炼钢工艺来适应废钢的使用，从而增加低质量废钢在高炉转炉炼钢过程中的使用。

（4）**获得清洁电力**　要减少二氧化碳排放，意味着主要集中采购低碳电力。这对Arcelor Mittal来说将是一个大的挑战，因为启动了从高炉转炉技术到废料和DRI-EAF技术的过渡项目，这将导致电力在其炼钢的能源组合占比更大。意识到不能指望电网整体上变得更低碳，而是需要专注于增加清洁电力的使用量，因此Arcelor Mittal计划通过购买可再生能源证书和与可再生能源项目供应商的直接电力购买协议（PPA）来实现这一目标。

（5）抵消残余排放　尽管Arcelor Mittal承诺通过减少运营过程中向大气排放的二氧化碳来实现净零排放，但仍有可能存在不可避免的排放，主要因为目前没有可行的技术解决方案，或者是解决方案涉及过高的经济或社会成本。对于这些排放，目前估计约占总排放的5%，而且Arcelor Mittal将购买或启动高质量的碳抵消项目，以产生高质量的碳信用额度。另外，Arcelor Mittal已经确定了两种可行的钢铁脱碳技术途径：创新DRI和智能减碳，以及第三种途径——直接电解，这是一种很有前途但尚未成熟的方法。近年来，Arcelor Mittal为这两条可行路线的技术研发做了大量工作，虽然这些技术还远未具备商业竞争力，但这项工作增强了这两种途径生产净零钢的潜力。

（6）对外合作　2020年12月，Arcelor Mittal在气候行动方面排名全球领先。Arcelor Mittal因其在企业透明度和气候变化行动方面的出色表现再次获得CDP（全球环境信息研究中心）的认可。在2020年CDP的气候变化评估中，Arcelor Mittal成功保持了A⁻的得分，使该公司在所有金属冶炼、精炼和成型公司中位列前四分之一，在钢铁行业中位列前10%。

2021年3月，法国液化空气公司Air Liquide和Arcelor Mittal联合在敦刻尔克进行脱碳钢生产❶。液化空气公司与Arcelor Mittal签署了协议，目标是在敦刻尔克实施低碳钢生产的解决方案。两家公司将联合开发涉及低碳氢和二氧化碳捕获技术的创新技术。作为公司实现2050年净零承诺旅程的一部分，Arcelor Mittal推出了首批三个XCarb™项目。XCarb™将把Arcelor Mittal所有的低碳和零碳产品及钢铁生产活动，以及更广泛的倡议和绿色创新项目汇集到一起，以集中努力为实现净零钢铁取得显著进展。XCarb™推出的三个品牌举措包括：XCarb™绿色钢证书、XCarb™回收和可再生生产以及XCarb™创新基金。

此外，Arcelor Mittal计划在Bremen的基地建设一个大型工业工厂，用于DRI和EAF炼钢。在宣布了德国氢基础设施的扩建计划后，该公司还在Eisenhüttenstadt公布了建立创新型DRI试点工厂和EAF的计划。通过使用绿氢生产，到2030年这两地的工厂可以生产多达350万吨的钢铁，同时显著降

---

❶ Climate Action Report2（2021）（Arcelor Mittal气候行动报告2021）。

低二氧化碳排放量。

2021年7月，Arcelor Mittal 在 Sestao 的工厂将成为世界上第一家全面零碳排放的钢铁厂。这一进展是与西班牙政府签署的一份协议合同的结果，该协议将投资10亿欧元，在其位于 Gijón 的工厂建设一个绿氢 DRI 工厂，以及一个新的混合动力电炉。安装在 Gijón 的 DRI 也将使 Arcelor Mittal Sestao 工厂成为世界上第一个全面的零碳排放钢铁厂。到2025年，Sestao 工厂将生产160万吨零碳排放的钢材，该工厂可为汽车和建筑行业以及一般工业生产一系列扁钢产品。Arcelor Mittal 日前宣布，已完成对该公司最近启动 XCarb™ 创新基金的第二笔投资，并作为 Form Energy 2亿美元 D 轮融资的主要投资者，向其注入2500万美元的股权。Arcelor Mittal 和 SEKISUI CHEMICAL 宣布，其正在合作一个项目，以捕获和再利用炼钢过程中的碳废气，这有可能减少对化石资源的依赖并有助于炼钢脱碳。Arcelor Mittal 宣布发布第二份集团气候行动报告，目标是到2030年将全球二氧化碳排放强度降低25%，预计成本为100亿美元；欧洲的目标是到2030年将二氧化碳排放强度降低到35%[1]。

（7）**政策遵循** 在欧洲，政策环境使 Arcelor Mittal 能够加快钢铁脱碳计划。基于欧盟的政策，加上对启动欧洲氢基础设施发展并降低成本的重大项目支持，以及各国雄心勃勃的承诺，提供丰富的清洁能源供应，并为脱碳提供资金支持，使得在接下来的五年内在先发国家实现零碳排放炼钢成为可能。随着可再生和低碳电力的日益普及，可负担得起工业规模的绿氢成为可能，通过绿氢-DRI-EAF 路线生产零碳排放钢铁预期变得可行。在欧洲，Arcelor Mittal 的战略主要集中在 DRI 创新途径上，这反映出欧洲致力于以具有竞争力的价格优先供应绿氢。鉴于各国和地区在现有的二氧化碳政策框架以及清洁能源的可用性和成本方面存在巨大差异，Arcelor Mittal 将继续发展智能减碳，它结合了生物能源、碳捕获和利用。国际能源机构（IEA）和联合国政府间气候变化专门委员会（IPCC）认为这些技术对实现2050年的净零排放至关重要。Arcelor Mittal 还对第三种潜在的技术途径——铁的直接电解，持谨慎乐观的态度，该技术目前处于研发阶段，在 Siderwin 项目中显示

---

[1] Climate Action Report2（2021）（Arcelor Mittal 气候行动报告2021）。

出良好的潜力。

（8）**氢能炼钢**　越来越多的国际共识认为，清洁氢能够而且应该在世界向可持续能源的未来过渡中发挥重要作用。氢是一种通用的能量载体，易于使用，具有许多潜在的应用价值。这些应用包括为道路车辆和船舶提供动力，以及作为炼钢的主要燃料。氢，尤其是绿氢在未来的炼钢过程中扮演着重要角色，无论是在创新DRI技术还是智能减碳技术路径中。氢可以从一系列的来源生产，几乎没有碳排放。绿氢利用太阳能或风能，通过电解将氢从水中分离出来。蓝氢提取天然气中的氢，并隔离由此产生的二氧化碳，使排放最小化。但清洁氢的广泛采用面临着重大挑战。如今，生产清洁的氢是昂贵的，比现在生产的排放二氧化碳的氢（灰氢）贵$2 \sim 5$倍，而且即使把二氧化碳的成本考虑在内，单靠氢本身也无法与天然气等其他燃料竞争。氢作为一种燃料很容易使用，但由于其具有低密度和物流方面的挑战，它的操作和运输很困难，这是广泛使用氢的一个巨大障碍。作为最轻的低能量密度气体之一，长距离运输纯氢需要专门的管道网络，或者需要将氢气液化以供道路或船舶运输。目前，只有一些必要的运输技术在商业上已经成熟，而运输氢气，尤其是液态的氢气，会大大增加使用氢气的成本。特别是在欧洲和日本，政策制定者正在通过各种形式的公共资金，支持到2030年的绿氢生产、管道和液化基础设施的发展。这种对氢的投资，加上太阳能光伏和风能成本预期的进一步降低，将产生规模效应，很可能导致氢的电解和运输成本显著下降。然而，由于起点成本较高，2030年以后，许多地区可能需要在氢生产和必要的运输基础设施方面提供重大政策支持，以维持和扩大钢铁行业的氢使用。

（9）**智能减碳路线**　循环碳使用的是以碳为基础的能源，不会给生物圈增加碳。它可以基于自然碳循环的生物能的形式存在，例如来自可持续来源的建筑木材、农业和林业残余物的废物，在这些废物中，经过管理的森林和作物的再生长将回收从所使用的生物能中排放的二氧化碳。它还可以从铁和钢铁生产过程中捕获碳气体，并将其转化为可循环利用的产品。例如，塑料垃圾被用作能源，为此排放的碳气体被转化回等量的新塑料。使用的废塑料和生产的新塑料含碳量相等，确保该过程是碳中性的。这种循环也为塑料工业提供了一种如今所缺乏的循环。Arcelor Mittal正在开发两项关键技术，以实现循环碳的使用。"Torero"是一种从废木材和废塑料中提取可再生能源的烤化工艺。"Carbalyst"则可以利用炼钢废气生产基本的化学物质，如塑料的关键组成部分生物乙醇。

IGAR（高炉注气还原剂）是一项高炉改造技术，是向碳中性高炉技术过渡的关键。IGAR 增加了高炉废气的重复利用，减少了每吨钢材的煤炭消耗量，并将二氧化碳排放减少了 20%。它将从钢铁气体中捕获一氧化碳和氢气，并作为还原剂气体注入高炉。此外，该技术提高了高炉废气中的氢浓度，通过增加生物燃料和生物化学品的产量，增加了 Carbalyst 过程中捕获的碳量。这项技术还将允许绿氢直接注入高炉，使它成为可用的和商业上可行的。通过从外部清洁能源（如绿氢）中注入额外的一氧化碳和氢，可以进一步利用这项技术，减少煤炭的使用、二氧化碳排放和其他行业（如化工行业）的废气。

（10）创新与研发　创新将在实现 2050 年净零排放目标方面发挥加速作用。2021 年 3 月，Arcelor Mittal 推出了 5 亿美元的创新基金，旨在每年向创新企业和技术提供高达 1 亿美元的奖励。第一笔 1000 万美元的奖金于 2021 年 6 月授予 Heliogen，一家专注于从集中太阳能中开发热能、电力和燃料的技术公司。Heliogen 技术将能够产生 100% 的绿氢，这是 Heliogen 公司正在开发的第一种燃料。Arcelor Mittal 与 Heliogen 签署了一份协议，旨在评估 Heliogen 产品在 Arcelor Mittal 数家钢铁厂投入使用的潜力。2021 年 7 月，Arcelor Mittal 宣布已向 Form Energy 投资 2500 万美元。Form Energy 是一家突破性的低成本能源存储技术开发商，可实现全年可靠、安全、完全可再生的电网。除上述投资外，两家公司还签署了一项联合开发协议，以探索 Arcelor Mittal 为 Form Energy 提供直接还原铁的潜力。该还原铁可根据特定要求定制，作为 Form Energy 电池技术的铁原料。

3.3.4　Arcelor Mittal 应对气候变化与能源转型的经验与启示

钢铁是一种全球贸易的大宗商品，在出台应对气候变化的法规方面，世界各地的步伐并不一致。此外，与该行业相关的低利润率和高成本意味着，在没有政策干预的情况下，进行所需投资和保持竞争力的空间有限。确保所有市场参与者在相同的竞争规则下运作是这些市场条件的关键。在制定有效政策方面，全球协调程度越高，越有利于钢铁行业在脱碳方面取得显著进展。让钢铁行业实现净零转型的最有效机制，是制定一个涵盖所有地区、国家和市场的雄心勃勃的全球适用的碳价格。然而，这种情况在中短期内发生的可能性很小。相反，现在面临的情况是，每个司法管辖区都制定了自己的政策框架，却没有为全球钢铁行业制定统一的客户和温室气体政策回应。这就造成了一种次优状况，往往复杂而重叠的政策环境对推动所需的市场条件以提供有竞争力的碳中性钢几乎毫无帮助。然而，有许多针对其他行业制定的政策可以用于钢铁行业。其中一个例子就是差价合同，它多年来为可再生能源行业提供了宝贵的政策支持和客户需求信号。还需要制定新的政策，如碳边境调节机制，确保国内生产商和进口企业在实现脱碳的道路上分担相同的二氧化碳排放成本。

在全球经济向净零转型的过程中，政策发挥着关键的支持作用。精心设计、有针对性的政策可以产生非常显著的效果，使新技术在相对较短的时间内具有竞争力。可再生能源作为一种有竞争力的能源出现就是一个明显的例子。政策在钢铁行业向净零转型中所发挥的作用至关重要，正确的政策将能够创造市场条件，随着时间的推移，使低碳和零碳排放的钢铁比高碳排放的钢铁更有竞争力。这将使钢铁行业能够投资和运营低碳和零碳排放技术，以迎接到2050年成为净零碳产业的挑战。

政策工具需要提供五个市场条件，以确保低碳和零碳排放的炼钢至少与高碳排放的炼钢一样有竞争力。①采取措施鼓励向低碳和零碳排放的炼钢转型；②考虑到钢铁市场的全球性质、空气竞争格局，确保国内生产、进出口受到同等温室气体减排法规的约束；③为创新和长期投资提供资金支持，抵消低碳和零碳排放炼钢过程中较高的运营成本；④让企业以可承受的价格获得足够的清洁能源；⑤提供足够的激励以鼓励低碳和零碳排放的钢材消费高于高碳排放的钢材。

在适当设计和应用的情况下，可以将多种政策工具结合起来，如排放交易体系（ETS）、碳边境调节机制（CBAM）、碳差异合同（CCfDs）、环保公共采购（GPP）以及清洁能源政策，从而实现钢铁行业的顺利脱碳。重要的是，在研究如何最有效地将每种政策工具结合起来，以激励和加速全球钢铁行业脱碳之前,要了解其运作方式及其目的。一个设计良好的温室气体排放交易系统,也被称为"总量管制和交易系统",应该激励企业减少温室气体排放。政府设定温室气体排放的上限,并为上限下允许的每单位温室气体排放创建许可证或津贴,企业必须为每单位排放获得并交出许可证,他们可以从政府或通过与其他公司交易获得许可。在钢铁行业,只有结合了足够高的二氧化碳价格和完全有效的解决碳泄漏的工具,ETS才会激励对脱碳的投资。

Energy Transition to Address Climate Change

应对气候变化背景下的能源转型

第 4 章

中国能源转型的驱动因素

4.1 能源转型的评价指标与发展现状
4.2 中国能源转型的动力机制及其计量模型构建
4.3 能源转型的动力机制分析

能源是人类经济与社会发展的基础，人类对能源的开发与利用经历了传统生物质、煤炭、油气时代。气候变化、环境安全、能源枯竭、公民健康等问题使能源的清洁替代成为全球共识。美国"页岩革命"促使全球加速从煤炭向天然气转型。欧盟明确提出，到2050年天然气、风能、核能将各占欧洲一次能源供应比例的25%，世界正进入以清洁低碳为主要特征的新一轮能源大转型时代。在中国，严重的雾霾天气以及巨大的减排压力也迫使政府必须尽快找到解决能源问题的突破点，推动能源转型向低碳和高效方向发展已成为重大而紧迫的任务之一（He et al., 2016）。可再生能源等清洁能源的发展将成为未来能源发展的主流，能源发展的动力和外部约束都有重大的变化。能源系统进入了一个快速变化的时期，驱动能源转型向低碳方向转变正在成为全球主题。

4.1 能源转型的评价指标与发展现状

4.1.1 能源转型的评价指标

能源转型是一个渐进和长期的过程，学者们根据能源存在形态、新能源在能源消费总量中的比重、能源原动机的变化、主导能源类型等标准对人类社会能源转换的历史进行了阶段划分。目前学者们普遍认为，当前的能源转型主导能源将从化石能源转变为可再生能源，所以当前的能源转型代表着可再生能源时代的到来。

21世纪以来，各国陆续进入可再生能源替代传统化石能源的能源转型阶段。能源转型背后是能源系统升级和供需体系优化，与人类社会发展和技术进步紧密相关。

当前的能源转型究竟以哪种能源作为主导能源，两个代表性国家德国与美国的能源转型方向区别非常明显。德国政府明确提出"大力发展可再生能源"作为能源转型的方向，提出2050年终端能源消费中60%、总发电量中80%来自可再生能源，并希望最终实现100%可再生能源消费（Hansen et al., 2019）。相比之下，美国政府提出实现100%的清洁能源（包括天然气、可再生能源和核能），并在2050年之前达到净零排放。可见，不同国家能源转型的核心特征不太一样。但总体来看，可再生能源、天然气等低碳能源的发展已成为能源未来发展的主流（Huang et al., 2009；Zhou et al., 2012；Musa et al., 2017；Gielen et al., 2019）。

从中国能源转型的方案来看，众多学者以及能源相关研究机构纷纷提出了各自的方案。归纳总结来说，主要有两种：一是高比例的非化石能源或从狭窄的意义上讲可再生能源方案，该方案的核心思路是从即刻起不断实现高比例的可再生能源发展目标，2025年可再生能源占一次能源比重约达到20%，直至2050年这一比重将达到60%以上，而2050年电力供应的80%也将来自可再生能源（World Wildlife Fund, 2015；国家发展和改革委员会能源研究所, 2015）。二是以化石能源为主的能源发展方案，到2050年煤炭仍然是中国的主导能源，化石能源比重约占60%，通过节能减排技术提高能源效率应成为中国重点关注的技术领域（中国工程院项目组, 2011）。一方面，现有的非化石能源转型方案大多是基于气候变化的视角，往往忽视了中国的能源禀赋特征，特别是近10年高比例可再生能源发展目标对经济的负向影响进行了过于乐观的估计。另一方面，以传统能源为主的能源转型方案相对过于保守，忽视了可再生能源发展对未来经济可能的"引擎"作用。

从转型目标来看，"清洁低碳、安全高效"是当前能源转型的主要方向。能源转型方向与能源在经济社会中的角色定位密切相关。过去人类更多关注能源的使用效率和环境影响，因此历次能源转型均具有"从低效到高效""从高碳到低碳"等特征。发展低碳能源的实质是建设清洁低碳能源结构和提高能源利用效率，认识和把握这一发展规律，是恰当制定能源转型战略及能源转型政策的前提和基础，也是科学测定能源转型程度的前提和基础。

因此，低碳能源转型至少应该包括两个层次的内容。一是能源结构低碳化。即主导能源不断升级，总体上能源结构朝着更加低碳的方向发展，这也是被使用最多的定义（Iniyan, 2006；Smil, 2017；World Energy Council, 2019）。二是能源使用高效化。能源效率有时被称为"第五种能源"，是所有能源品种中最廉价的。提高能源利用效率，即单位产出的能源消耗量的降低以及由此带来的二氧化碳排放的减少。

基于对能源转型的规律认识，结合国际主流机构能源转型评价方法，本章的能源转型指标主要设置能源结构、能源效率和能源安全3个一级指标，分别体现清洁低碳、优质高效和安全可靠。考虑指标的代表性和可获取性，选取7个二级指标，如表4-1所示。

表 4-1 能源转型主要指标

一级指标	二级指标
能源结构 （清洁低碳）	天然气在一次能源中的占比
	非化石能源在一次能源中的占比
	低碳能源在一次能源中的占比
能源效率 （优质高效）	单位 GDP 能耗
能源安全 （安全可靠）	能源自给率
	石油对外依存度
	天然气对外依存度

4.1.2 主要发达国家能源转型的发展现状

一个国家主动推进能源转型的"动机"，通常有确保能源安全、改善环境问题或创造新的工业竞争优势等。哪一个是能源转型的核心动机呢？从德国和美国两个代表性国家的能源转型实践看，美国能源转型的核心动机一直非常明确，那就是改善能源安全，降低对进口能源的依赖，环境保护等其他动机的地位是次于能源安全动机的。与美国相反，在德国能源转型动机中，环境保护一直明显居于最主要地位，尽管能源安全动机对德国也非常重要。

如果用可再生能源发展程度为度量尺度，德国能源转型的成效非常明显，其进展远远超过美国。各国度量可再生能源发展经常用的指标是"非水电可再生能源占总发电量比重"，这或许是因为可再生能源利用的主要方式是电力。不过，从能源转型的含义看，用"非水电可再生能源在一次能源消费中的比重"这一指标更能客观反映2000年以来两国能源转型的进展。

图4-1显示了主要国家非水电可再生能源占一次能源消费的比重。从图中可知，2000年主要发达国家非水电可再生能源发展的起点基本相同：德国一

次能源消费中非水电可再生能源份额为1.1%，同年美国为0.9%。但此后由于各国关于可再生能源发展的政策力度和实施方式不同，国家之间的差距迅速拉大。2019年，在德国的一次能源消费中，非水电可再生能源的比重迅速增加到16.1%，其次是英国的13.8%，而同期美国这一比重仅为6.2%。美国与德国在这一指标上的差距扩大到9.9个百分点。因此，从可再生能源的发展看，德国毫无疑问是能源转型成功的典范，并成为世界上很多国家学习的样板。

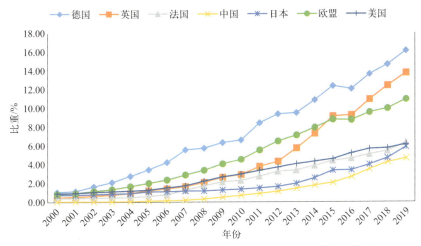

图4-1　主要国家非水电可再生能源占一次能源消费的比重

数据来源：BP Statistical Review of World Energy 2019

图4-2显示了主要国家非化石能源在一次能源中的占比。从国别上看，中国非化石能源占比快速提升，但对标国际领先水平仍有较大发展空间。伴随着中国终端电能消费占比和发电用能占比逐步提高，非化石能源占一次能源的比重快速上升，2010～2018年间增幅为6.8个百分点，远高于其他五国。

图4-2　主要国家非化石能源在一次能源中的占比

数据来源：能源数据源自BP和IEA

但从占比绝对值来看，由于起点较低，中国与法国相比差34.2个百分点；排除核电占比较高的法国，中国与第二位德国也相差6.4个百分点，尚存提升空间。

如果用描述美国能源转型战略的"清洁能源"发展指标来分析能源转型进展，则结论的变化是明显的。图4-3比较了德国和美国清洁能源占一次能源消费的比重。首先，在两国一次能源消费中，清洁能源的比重都呈现上升趋势，但美国的增长幅度超过德国：美国清洁能源份额从2000年的35.9%上升到2019年48.9%，增加了13个百分点；德国清洁能源份额从2000年的35.5%上升到2019年的46.9%，增加了11.4个百分点。其次，2010年以后，美国与德国清洁能源发展开始再次出现分化：美国的份额加速上升，而德国初步显示出缓慢下降的态势，两者差异有进一步扩大的趋势。总之，从清洁能源的标准看，美国能源转型进展快于德国，这同样说明了美国清洁能源转型战略及其实施的成功。美国清洁能源所占份额增长的原因主要有两个：一是2006年以后美国"页岩气革命"的成功；二是美国非水电可再生能源的加速发展，特别是风电和地热。

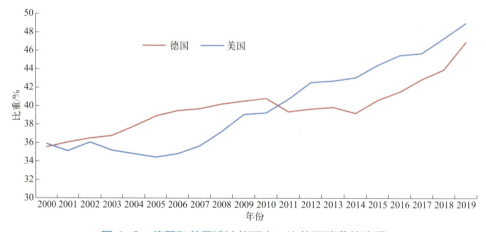

图4-3 德国和美国清洁能源占一次能源消费的比重

数据来源：BP Statistical Review of World Energy 2019

美国的清洁能源转型战略，明确将天然气和核能作为通向可再生、可持续能源体系的过渡能源。这是美国现阶段以清洁能源为导向的能源转型战略下的必然选择，也是美国在能源安全动机的驱动下，长期鼓励非常规能源开发的结果。

自2000年以来，天然气和核能在美国向清洁能源的转型中起到了非常重要的作用。2000～2019年，美国天然气份额从23.8%增加到32.2%，增长了8.4个百分点；核能份额基本保持不变；非水电可再生能源从0.9%增加到6.2%，增加了5.3个百分点。同期煤炭和石油的份额稳步下降，其中煤炭从23.8%下降到12%（见图4-4）。因此，美国在水电份额有所下降、非水电可再生能源增加份额也不大的情况下，天然气份额的大幅上升和可再生能源份额的稳中有升，确保了美国清洁能源转型战略的顺利推进。同时，较低价格天然气份额的增加对于降低美国能源转型成本和推进难度起到了关键作用。

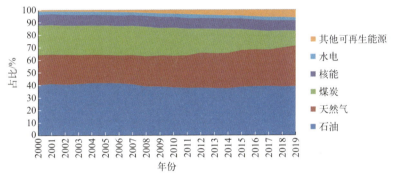

图4-4 美国一次能源消费中不同能源品种地位变化

数据来源：BP Statistical Review of World Energy 2019

相比之下，德国的能源转型战略是全力推进可再生能源的发展，并力图在2050年前使可再生能源成为主导能源。其能源转型战略中不存在明确的过渡能源安排。然而，无论是否选择，过渡能源都是能源转型过程中的现实需要。因此，在没有确定过渡能源及其配套政策，同时核能发展又被明确排除在外的情况下，市场会主动选择性价比最好，但却未必符合能源转型大方向的过渡能源。

如图4-5所示，德国能源转型战略的三个特征非常明显：一是可再生能源份额增长迅速。一次能源消费中非水电可再生能源份额从2000年的1.1%快速增长到2019年的16.1%。二是在2011年宣布2022年前永久弃核之后，德国的核能份额迅速下降。2000年核能占一次能源消费的份额为11.8%，2019年下降到5.1%。三是天然气的份额上升不明显，从2000年的20.7%增加到2019年的24.2%。

应对气候变化背景下的能源转型

德国在可再生能源的发展取得很大成绩的同时，其非清洁能源——煤炭和石油的份额近年来却有增长的趋势。可见，德国在加速向可再生能源转型的过程中，由于没有选择适当的过渡能源，同时将核能排除在未来能源结构之外，导致其在能源转型的过程中，煤炭和石油等"非清洁"能源下降趋势受阻。

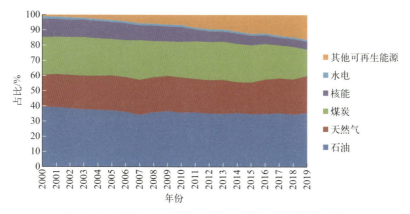

图4-5　德国一次能源消费中不同能源品种地位变化

数据来源：BP Statistical Review of World Energy 2019

图4-6显示了主要国家能源强度（能源利用效率的倒数）。能源利用效率是投入的能源能获得多少效益（经济产出）或者为了获得一定效益必须投入多少能源的概念，能源利用效率越高，获得效益所需的能源就越少。虽然中国能源强度不断下降，但仍然明显高出世界平均水平，能源利用效率较低成为能源转型面临的一大挑战。虽然中国能源强度迅速下降，部分工业产品单

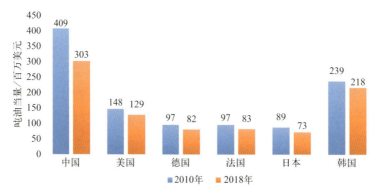

图4-6　主要国家能源强度

数据来源：能源数据源自BP和IEA；GDP数据源自世界银行

耗已接近国际先进水平，但整体能耗强度与其他五国相比仍然差距较大。从整体能源强度来看，2010～2018年中国能源强度下降约四分之一，年均降幅为3.7%，居各国之首。但受产业结构、用能方式和节能技术影响，中国整体能源强度与其他五国相比仍差距显著。2018年中国能源强度分别为日本、德国、法国、美国、韩国的4.2倍、3.7倍、3.7倍、2.4倍、1.4倍。结合产业结构看，中国与日本、德国、法国、美国、韩国五国的工业占比分别为40.7%、29.1%、27.5%、16.9%、18.2%和35.1%，中国工业用能占比高的结构特点决定了能源强度相对较高的客观事实。

各国能源自给水平分化严重，中美两国能源自给率呈现明显"逆行"趋势。图4-7显示了主要国家的能源自给率。从自给率水平来看，中国、美国作为资源禀赋丰富的大国，自给率保持在80%～90%；德国、法国、日本、韩国四国资源条件相对较差，自给率长期处于50%以下。从演化趋势来看，中国2010～2018年石油和天然气年均消费增速（分别为4.9%和12.0%）超过产量增速（分别为-0.9%和6.0%），导致石油和天然气对外依存度分别攀升17.3个百分点和31.6个百分点，能源自给率下滑6.2个百分点，均为各国之最。反观美国，通过实施能源独立战略，能源自给率大幅提升，由低于中国约11个百分点变为高于中国约12个百分点，石油、天然气和煤炭对外依存度均显著下降。

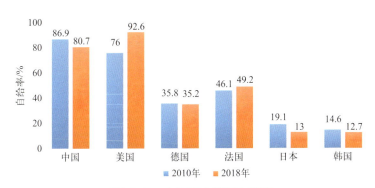

图 4-7 主要国家能源自给率

数据来源：BP和IEA

从当前全球能源转型的大背景和动机看，能源转型的终极目标是实现能源体系从基于不可再生的化石能源和核能的体系转向可再生、可持续能源体系。对世界多数国家而言，这一终极目标的实现需要在相当长的时间内持续推进能源转型，可能需要上百年的时间，一些国家可能需要更长的时间。因此，在通向终极目标的进程中，选择恰当的、符合本国实际的过渡能源就成为能源转型的一个必备要件。过渡能源的选择不仅关系到一个国家能源转型能否顺利推进，而且对能源转型的成本高低也有着重要影响。

4.1.3 中国能源转型的发展现状

与世界其他主要经济体和能源消费国相比，中国的能源转型是最复杂的。总体而言，中国工业化和城镇化还不完全，能源消费总量仍有继续增长的内在动力。图4-8显示了中国与其他主要国家（地区）的能源消耗水平。从绝对量来看，2018年中国一次能源消费量达到135.77艾焦耳，连续10多年居全球能源增长首位。从增长率来看，"十一五"期间（2006～2010年），能源消费平均增长率达到13.9%，"十二五"期间为5.9%，"十三五"期间为2.7%。虽然增速减慢，但中国仍是世界上最大的能源消费国，2018年占全球能源消费的23.6%，美国、德国、日本、英国等后工业国家的能源消费总量已经趋于平稳，未来几年可能开始下降。

图4-8 主要国家（地区）一次能源消费总量
数据来源：BP Statistical Review of World Energy 2020

进入21世纪，随着经济不断增长、工业化和城市化进程不断推进以及人民生活水平不断提升，能源消费一直处于增长态势。"十一五"时期平均增速达到14.8%,"十二五"时期为7.8%,"十三五"时期进一步降到2%。从规模上看(图4-9),2017年,一次能源消费总量平均达到1.63亿吨标准煤,工业终端能源消费总量平均达到0.989亿吨标准煤,工业占比基本在60%以上。中国仍然是世界上最大的能源消费国,占世界能源消费总量的23.2%和能源消费增长的33.6%。

图 4-9　一次能源消费和工业终端能源消费

数据来源:中国能源统计年鉴

图4-10显示各能源品种在中国一次能源消费的占比。煤炭虽然在能源消费结构中的比重呈下降趋势,从2001年的68.9%下降到2017年的59.3%,但仍然是中国能源消费的主要燃料,与世界水平(27.62%)以及美国(14.86%)、德国(21.28%)、日本(26.40%)等发达国家相比,煤炭在中国能源消费结构中的比重仍然较大。

石油消费比重比较稳定,除了在2008～2009金融危机有所下降之外,基本维持在20%左右。天然气消费比重呈现比较稳定的上升趋势,从2001年的3.5%上升到2017年的8.3%。非化石能源在能源消费总量中的比重从8.4%增长到13%,但较天然气而言,波动性较大。中国近年来在可再生能源领域的科技创新能力及产业技术水平均实现了跨越式提升,已经形成全球最大规模的太阳能光伏和风能利用产业。部分技术跨入国际先进行列,光伏电池产品技术水平国际同步,多晶硅光伏电池效率创造了新的世界纪录,光催化制氢效率国际领先,太阳能热发电和生物质能、地热能、海洋能利用取得技术突破和进步。

图 4-10　各能源品种在中国一次能源消费的占比

数据来源：中国能源统计年鉴

注：煤炭、石油占比数据对应左边主坐标轴；天然气和非化石能源占比数据则对应右边次坐标轴

图4-11显示"十二五"期间中国部分地区能源消费模式。高碳能源（煤炭+石油）仍然是大部分地区的主导燃料，而低碳能源（天然气+非化石能源）在西部青海省占主导地位，占其能源结构的一半以上。在天津、山西、湖北和重庆等地区，煤炭是主要燃料，但2015年煤炭在一次能源中的份额降至样本期间最低水平。特别是北京，石油开始占据能源结构的最大份额（44.4%），而天然气现在已经超过煤炭，2015年煤炭仅占其能源结构的16.3%。

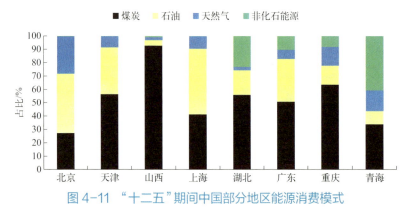

图 4-11　"十二五"期间中国部分地区能源消费模式

数据来源：中国能源统计年鉴

图4-12显示中国总体及工业能源强度的变化趋势。2001年，中国总体能源强度，即万元GDP（2001年不变价）的能源使用量，处于较高水平（1.876吨标准煤/万元），工业能源强度为1.712吨标准煤/万元，能源利用效率较为低下，之后随着产业结构和能源结构的调整、技术的进步等，总体及工业层面能源强度快速下降，到2017年分别下降了33%和66%，能源利用效率不断提高。

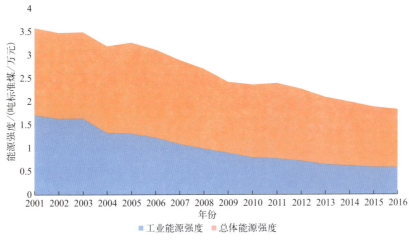

图 4-12　总体及工业能源强度变化趋势

数据来源：中国统计年鉴和中国能源统计年鉴

4.2　中国能源转型的动力机制及其计量模型构建

4.2.1　能源转型的动力机制

过去数年，能源转型问题得到了广泛的关注与讨论。现有研究从不同角度进行分析，如转型特征（Sovacool, 2016; Fischer-Kowalski et al., 2019）、转型路径（Wen et al., 2020; Kumar et al., 2015; Vahl et al., 2015; Verbruggen et al., 2017）、经验教训（Arranz, 2017; Trutnevyte, 2016; Newbery, 2016）及经济影响（Dong et al., 2021; Frondel et al., 2015; Willenbockel, 2017）。在这些研究中，大多数侧重于能量转型本身及其影响，而忽略了能量转型背后的主要驱动力。

能源转型动力机制是指能源转型的动力来源及其作用方式，是一种能够有效推动能源转型并达到预定目标的传导机制。传统理论所关注的能源转型先是能源技术转型，技术转型一方面表现为传统技术基础上的创新，另一方面表现为新兴能源的出现和应用（Guo et al., 2016）。与传统理论侧重于技术创新相比，目前认可度较高的多层分析框架（multi-level perspectives，MLP）（Geels et al., 2018）认为转型是由包括技术在内的多层面因素推动的，各层级因素协同作用的演化过程。MLP框架视角下的研究者将技术创新置于社会系统中，综合考虑技术、政策、市场、经济模式等因素对能源转型的影响，说明技术上可行的能源转型方案还需考虑其社会可行性，从而保证其转型实施效果（Wolfram et al., 2017; Norberto et al., 2016; Bolwig et al., 2019）。

在此基础上，Ford等（2016）认为新兴能源转型是由草根阶层行动推动的。因此，能源转型动力机制设计应该侧重于自下而上的传导机制设计。相反，Arranz（2017）认为，能源转型是政府主导行为。因此，能源转型动力机制设计应该侧重于自上而下的传导机制设计。无论是侧重于自上而下的传导机制设计，还是侧重于自下而上的传导机制设计，都意味着能源转型已经不同于历史上由技术进步推动的"机会驱动"转型，而是由社会体制发挥重要作用的"问题驱动"转型（Oudes et al., 2018）。

由于经济社会发展与生态环境之间矛盾激化，能源转型也需要从自然演进方式转变为人为推动方式。特别是在能源转型过程中，地方政府及政策的作用越来越受到重视。当然，政府政策有可能推动也有可能阻碍能源转型进程。Arranz（2017）认为已有制度在一定程度上对能源转型具有抵制作用，但认为有积极作用的学者们居多，尤其是在规划方面，如Cowell等（2017）认为地方政府的具体规划可以遏制那些在能源转型过程中进行重大基础设施投资的破坏性影响，从而加强制度再生产。

能源转型是社会发展演进过程中的必然，因此探究当前时代背景下中国能源转型驱动因素以及以何种机制有效驱动能源转型，是学术界研究的重点。以下将能源转型的驱动力分为三类：技术可行性、经济可行性和制度保障性，基于实证计量分析，识别和比较不同因素对能源转型的驱动效应，并进一步对技术创新的中介效应、政策的动态效应以及不同产权结构的表现等展开深入分析。

中国能源转型的方向对全球的影响将是引领性的（史丹，2017），研究结果对中国具有重要的政策启示，因为笔者支持这样一种观点，即政策干预和国有资本可能更加有利于能源转型。

4.2.2 计量模型构建

4.2.2.1 低碳能源转型的驱动因素模型

本节首先建立低碳能源转型的驱动因素模型，评估政策、技术和经济类指标对能源转型的影响效应，重点比较政策、技术和经济因素在能源转型过程中的驱动差异。同时，考虑到驱动因素变量与能源转型之间可能存在滞后性和内生性问题，因变量采取提前一期，建立如下面板数据模型。

$$\text{Entran}_{it+1} = \alpha + \beta \text{pol}_{it} + \gamma \text{tech}_{it} + \delta \text{eco}_{it} + \mu_i + \sigma_t + \varepsilon_{it} \tag{4-1}$$

式中，i 和 t 分别表示省份和年份。被解释变量低碳能源转型分别用能源结构低碳化和能源使用高效化表示，能源结构低碳化分别用天然气、非化石能源以及低碳能源（天然气和非化石能源）在一次能源消费量的比重来刻画；能源使用高效化直接用能源强度来表示，即单位产值的能源消费来刻画。pol 分别用三种碳减排政策（节能目标、新能源补贴和碳市场）来表示。由于节能目标政策和新能源补贴政策从 2006 年开始实施，需要采用政策变量与时期虚拟变量的交互项来识别政策的实施效果或在实施前后的驱动差异。tech 表示低碳技术知识存量，根据中国当前低碳技术的总体水平、受关注程度和应用潜力情况，相对成熟的工业领域低碳技术包括提高能源利用效率技术（能效技术）、太阳能等可再生能源供给技术、燃料及原材料替代类技术。经济指标包括能源价格、国有资本、外资进入、出口贸易和相对经济规模。μ_i、σ_t 分别表示个体效应和时间效应；ε_{it} 表示误差项。

4.2.2.2 基于技术创新的中介效应模型

当然，随着环境污染和气候变化问题的严峻化，碳减排规制对绿色或低碳技术的促进作用有扩大的趋势，"波特假说"在一定范围内确实存在（Porter et al., 1995; Greenstone et al., 2012; Calel et al., 2016; Zhu et al.,

2019)。因此，如不考虑政策的技术创新效应，上述单方程估计可能低估政策对低碳能源转型的影响效应。

为估计碳减排政策通过技术创新对能源转型的间接影响以及总效应，探讨发生中介作用的内部传导媒介，考虑以技术创新为中介变量，构建如下经典的中介效应模型（省略部分下标）。

$$\text{Entran} = \alpha_2 + \beta_2 \text{pol} + \delta_2 \text{eco} + \mu + \sigma + \varepsilon \tag{4-2}$$

$$\text{tech} = \alpha_3 + \beta_3 \text{pol} + \delta_3 \text{eco} + \mu + \sigma + \varepsilon \tag{4-3}$$

$$\text{Entrans} = \alpha_1 + \beta_1 \text{pol} + \gamma_1 \text{tech} + \delta_1 \text{eco} + \mu + \sigma + \varepsilon \tag{4-4}$$

式中，待估计系数β_2表示碳减排政策对低碳能源转型影响的总效应；β_3表示碳减排政策对低碳技术创新的影响效应；β_1表示碳减排政策对能源转型的直接效应。$\beta_3\gamma_1$度量的是中介效应，即政策通过技术创新影响能源转型的程度。对于中介效应检验，一般采用系数乘积法，即直接检验$\beta_3\gamma_1$是否显著不为0，无需以系数β_2显著作为中介效应检验的前提条件，可以直接提供中介效应的点估计和置信区间。系数乘积法分为两类，一类是基于中介效应的抽样分布为正态分布的Sobel方法，另一类是基于中介效应的抽样分布为非正态分布的Bootstrap方法。Bootstrap方法适用于中小样本和各种中介效应模型，能提供更为准确的置信区间估计，统计功效较高（Zhao et al.，2010）。

4.2.2.3 政策的动态效应模型

当前进行的能源转型，政府政策的引导至关重要。基准模型分析的是能源转型受到政策影响的平均差异，即平均处理效应。在此基础上，本节进一步比较能源转型受到碳减排政策影响的动态差异。以"十一五"开始实施的节能目标政策为例，一方面可以设定代表不同五年规划时期的虚拟变量，以检验相对于"十五"时期，政策的驱动效应在"十一五"时期、"十二五"时期的变化情况；另一方面，还能通过设置一系列年度虚拟变量，并与政策变量交乘，根据交互项估计系数说明驱动效应如何逐年变化。以比较不同时期为例，动态效应检验的模型设定如下。

$$\text{Entran}_{it+1} = \alpha + \beta_{11\text{th}} \text{esp} \times d_t^{11\text{th}} + \beta_{12\text{th}} \text{esp} \times d_t^{12\text{th}} + \text{other controls} + \mu_i + \sigma_t + \varepsilon_{it} \tag{4-5}$$

式中，$d_t^{11\text{th}}$、$d_t^{12\text{th}}$分别表示"十一五"时期和"十二五"时期的虚拟变量；other controls表示基准模型中除节能目标政策之外的其他因素变量。在方程（4-5）中，通过观察系数β的变化情况，能够分析碳减排政策对于能源转型的动态影响效果。

4.2.2.4 不同产权结构的影响模型

同一时期，中国也经历了市场产权结构多元化，这就留下了一个问题：新的非国有资本与传统的国有资本，在中国能源转型过程中扮演怎样的角色？鉴于上文单独分析国有资本对能源转型的影响，本节进一步试图比较不同产权结构对能源转型的影响差异。按照投资主体，产权结构可分为国有资本（包含集体资本）、法人资本（CC）、个人资本（PC）、港澳台资本（HMT）和外商资本（FC），在方程（4-1）的基础上，以国有资本为基准，引入其他产权结构指标，检验其之间是否存在系统性差异。

$$\text{Entran}_{it+1} = \alpha + \beta CC_{it} + \gamma PC_{it} + \delta HMT_{it} + \delta FC_{it} + \text{other controls} + \mu_i + \sigma_t + \varepsilon_{it} \quad (4\text{-}6)$$

式中，CC、PC、HMT和FC分别表示法人资本、个人资本、港澳台资本和外商资本；other controls表示基准模型中除国有资本之外的其他因素变量。

4.2.3 样本来源及数据说明

4.2.3.1 能源转型

清洁低碳能源转型实际上是低碳化、高效化的过程。当前全球正迎来以低碳化为特征的新一轮能源转型，能源转型既需要低碳能源的发展，又需要化石能源的高效利用。本节用能源结构低碳化（分天然气、非化石和低碳能源消费比重）和能源使用高效化（用能源强度表示）作为能源转型的代理指标。其中，由于煤炭、石油、天然气和非化石能源是中国广泛使用的一次能源，各一次能源消费总量用终端消费、能源转换及能源损失实物量折算成标准量。能源强度用单位产值的能源消费量表示（2000年不变价），其值越小代表效率越高。

4.2.3.2 低碳技术创新数据

本节采用低碳专利申请量来衡量创新水平，这样做的好处主要在于数据可得性（Popp, 2010; Dechezleprêtre et al., 2011; Dekker et al., 2012; Wagner et al., 2016; Zhu et al., 2019）。企业和国家所拥有的技术知识，很大部分依赖于以往研发所产生的知识和经验的积累，因此用与低碳相关的专利数据构建相应技术知识存量。依据世界知识产权组织数据库（World Intellectual Property Organization, WIPO）给出的《绿色专利清单》（Green Patents Inventory）和OECD环境技术类别以及相应国际专利分类编码（International Patent Classification, IPC），在中国国家知识产权局（SIPO）专利数据库中检索各省区每年工业企业的发明专利数[1]。参照Popp et al.（2011）、Lovely et al.（2011）和Nicolli et al.（2016）的做法，考虑陈腐率（decay rate）和扩散率（diffusion rate），时间t时技术知识存量核算公式为

$$\text{stock}_t = \sum_{s=1}^{\infty} e^{-\omega_1(s)}[1-e^{-\omega_2(s+1)}]\text{patent}_{t-s} \tag{4-7}$$

式中，stock表示技术知识存量；patent表示低碳技术专利数量；s表示从基期到当前年份的时间[2]；ω_1表示知识的陈腐率，即旧知识的老化速度，表明随着新技术与新发明的产生，已有技术逐渐被新技术所替代，假设为0.1；ω_2表示扩散率，表明从新技术、新知识的产生到大规模应用（即技术扩散）需经过一定的时间，以衡量从专利的产生到大规模应用的滞后时间，假设为0.25。

4.2.3.3 政策指标

减少碳排放、控制全球温升，是能源转型的重要目标，中国政府直到"十一五"时期（2006～2010年），才开始重视气候可持续发展，并规划了整体的政策思路（Eaton et al., 2017; He et al., 2012）。选择中国目前所推行的三种碳减排政策，即节能目标、新能源补贴和碳市场，作为本节的政策指标。

第一，相对于"十五"期间，中国政府在"十一五"和"十二五"规划

---

[1] 尽管专利指标存在缺陷，但相对于其他指标以及数据的限制，专利在衡量知识产出方面具有明显优势（Popp, 2002）。具体的能效、可再生等技术专利代码也可参考Lanzi et al., 2011; Johnstone et al., 2010和Aghion et al., 2012。

[2] 根据专利统计时间，国内专利统计起始时间为1985年，故根据国内1985～2015年专利统计数量来核算国内1999～2015年知识存量。

中分别制定了节能20%和16%的约束性目标（能源强度下降目标，2005年不变价），并将此作为应对气候变化的主要措施。节能目标是通过将约束性指标逐级分解到地方政府而实现的，通过一系列政策文件建立了节能目标责任制——一种自上而下、层层落实的政策执行机制，并将其完成情况与地方政府官员的政绩相挂钩，首次实行节能目标"行政首长负责制"。主要用各省区每年颁布的节能政策数量来衡量实际执行强度。对每一条政策执行措施，根据政策效力，分省级地方性法规、地方政府规章和地方规范性文件三档进行评分（见表4-2），并以政策效力分数为权重进行加权得到每年的分数（王班班等，2016）。

第二，自2006年开始，国家发布一系列新能源相关法规和政策，主要从供给层面推进风光发电、新能源汽车、生物燃料等的市场应用及规模扩张，为中国新能源行业的发展奠定了政策基础，其中一项重要举措就是提供大量的财政补贴。由于缺少省级层面的新能源补贴统计数据，拟用各省A股上市公司补贴数据表示，具体理由详见郝颖等（2014）研究。上市公司获得政府补贴收入的明细科目来自会计报表附注中的信息披露，根据新能源行业关键词（也可查询中国新能源网站）在补贴项目明细中进行检索，按省区和年度将属地企业的补贴数据分别加总，形成省级层面补贴数据。同样，补贴支出也会对后期的能源转型产生影响，根据永续盘存法（PIM）核算新能源补贴存量（sub）。❶

第三，2013~2014期间，作为能源环境经济学者所推崇的应对气候变化有效政策工具，碳排放权交易市场先后在上海、北京、广东（深圳）、天津、湖北、重庆6个中国省（市）试点启动，6个市场的碳排放权交易制度设计虽各具特色，但基本框架一致，即通过市场机制改变经济主体的排放激励，促进节能低碳转型，达到治理气候变化的目的（Zhang et al.，2020）。❷

---

❶ 根据一般文献研究，价格指数取消费物价指数和固定资产投资价格指数的加权平均值，权重分别为0.55和0.45，折旧率取15%。

❷ 中国国家发改委2017年12月19日印发了《全国碳排放权交易市场建设方案（发电行业）》，标志着中国碳排放交易体系完成了总体设计，并正式启动。

表 4-2 主要气候政策类别

气候政策	类别	主要内容		
节能目标政策	政策效力	省级地方性法规	地方政府规章	地方规范性文件
	发布机关	人大常委会	人民政府	其他政府部门
	政策评分	5	3	1
	筛选依据	节能监测与办法、淘汰落后产能、锅炉（窑炉）改造、余热余压利用、热电联产、工业技术改造、能源审计、评估和规划、完善节能标准标识、推广清洁能源及相关技术与产品等		
新能源补贴	新能源行业	新能源汽车　太阳能　光伏　风电　生物质能　LED　锂电池		
	关键词	新能源、可再生、太阳能、光伏、风电、风力、锂电、LED、电动、燃料电池、混合动力、资源化、超级电容、石墨烯、生物质、风能、沼气、生物柴油等		
碳市场	碳试点（启动时间）	北京（2013.11）　上海（2013.11）　广东（2013.12）　天津（2013.12）　湖北（2014.07）　重庆（2014.06）		

注：参考中国节能规划、各省（区、市）节能目标措施等文件，通过法律法规数据库对各省（区、市）的节能政策进行了搜索和统计（1980～2015年）。新能源主要包括两大领域，一是新的可再生能源利用领域，涉及开发利用太阳能、风能、生物质能、地热能等；二是对传统能源进行技术变革，如高效利用煤炭、研发车用新型材料等。

4.2.3.4 经济变量

本节选择能源价格、产权结构、外资进入、出口贸易和相对规模作为经济因素指标（Osunmuyiwa et al., 2017；Lin et al., 2017）。其中，化石能源价格用"燃料、动力类价格指数"来表示（2000年不变价格），产权结构用国有资本比重来表示，外资进入用"三资"企业固定资产净值占比来表示，出口贸易用出口交货值比工业总产值来表示，相对规模用工业产值占比来表示。

表 4-3 给出了主要变量统计描述。鉴于相关指标原始数据的可得性，所选用的研究时段为 2001～2016 年，数据来源于国家知识产权局（SIPO）专利数据库、国泰安数据库、万方数据（法规）库、中国法律法规网、《中国统计年鉴》、《中国工业统计年鉴》、《中国经济普查年鉴》、《中国能源统计年鉴》。

表 4-3 主要变量统计描述

变量	平均数	标准差	最小值	最大值	样本
能源强度	-0.325	0.831	-2.968	1.967	450
天然气占比	0.057	0.072	0.000	0.436	450
非化石占比	0.091	0.106	0.000	0.561	450
低碳能源占比	0.147	0.131	0.002	0.710	450
节能政策强度	3.337	0.850	0.000	5.011	450
技术存量	3.89	2.05	0	9.20	450
节能政策强度	3.337	0.850	0.000	5.011	450
新能源补贴	2.395	2.561	0.000	9.348	450
碳市场	0.027	0.161	0.000	1.000	450
能源价格	1.761	0.601	0.926	4.420	450
国有资本	0.298	0.155	0.036	0.829	450
出口贸易	0.090	0.092	0.001	0.446	450
外资进入	0.165	0.138	0.009	0.540	450
相对规模	0.394	0.080	0.131	0.530	450

4.3 能源转型的动力机制分析

4.3.1 驱动因素的基准分析

表 4-4 报告了能源转型的驱动因素回归结果，第（1）～（3）列显示各驱动因素对低碳能源消费比重（包括天然气和非化石能源）的影响，第（4）列显示各驱动因素对能源强度的影响。从第（1）列的结果来看，政策类因

素与经济类因素构成能源结构向天然气方向转型的驱动基础,特别是三种碳减排政策(节能目标政策、新能源补贴和碳市场)与天然气消费比重正相关。而第(2)列结果却显示政策类因素抑制非化石能源消费比重。图4-13显示各驱动因素对天然气比重和非化石能源比重的作用方向。由图4-13可知,除了产权结构指标(国有资本比重)之外,其他因素对天然气比重和非化石能源比重的作用方向存在明显的相反关系,且大多数因素正向驱动天然气消费比重。可见,从转型的基础和经济发展水平的承受力来看,中国能源结构的演进不可能像西方国家那样,直接进入以可再生或非化石能源为主的跨越式发展阶段,而是逐渐从高碳能源为主的能源结构向低碳化石能源天然气方向转变。

由于各驱动因素未能协同促进天然气与非化石能源消费增加,而是存在权衡取舍的关系,这也导致了大多数因素对低碳能源消费比重的影响不显著[第(3)列],仅国有资本比重在5%水平上显著促使能源结构低碳化。以能源强度为因变量,第(4)列的结果显示政策、技术和经济因素均能降低能源强度和提高能源效率,主要体现于新能源补贴、碳市场、技术创新、出口开放和相对规模。

表4-4 基准模型估计结果

变量	(1) 天然气占比	(2) 非化石能源占比	(3) 低碳能源占比	(4) 能源强度
节能目标政策	0.0237**	−0.0258*	0.000481	−0.0770
	(0.0115)	(0.0134)	(0.0179)	(0.0889)
新能源补贴	0.00131*	−0.00160	9.15e−06	−0.0194*
	(0.000713)	(0.00148)	(0.00162)	(0.0106)
碳市场	0.0532**	−0.0292***	0.0212	−0.321***
	(0.0215)	(0.00941)	(0.0238)	(0.0970)
技术知识	0.00358	−0.00448	−0.0115	−0.178**
	(0.00831)	(0.00634)	(0.0108)	(0.0739)
能源价格	−0.00117	0.00646	0.00549	0.127
	(0.0132)	(0.00781)	(0.0157)	(0.190)

续表

变量	（1）天然气占比	（2）非化石能源占比	（3）低碳能源占比	（4）能源强度
国有资本	0.0492	0.0567***	0.104**	0.0512
	（0.0393）	（0.0189）	（0.0425）	（0.304）
出口开放	−0.230**	0.153*	−0.0857	−1.423*
	（0.102）	（0.0839）	（0.122）	（0.711）
外资进入	0.237*	−0.0666	0.164	0.199
	（0.133）	（0.113）	（0.122）	（0.777）
相对规模	−0.130*	0.0735	−0.0486	−1.808***
	（0.0725）	（0.0925）	（0.0897）	（0.474）
样本	450	450	450	450
R^2	0.898	0.931	0.937	0.962

注：括号内为省份集聚的稳健标准误；*、**、***分别表示在10%、5%和1%水平上显著。

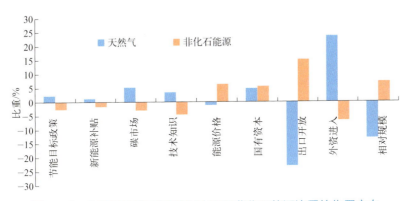

图4-13 各驱动因素对天然气比重和非化石能源比重的作用方向

4.3.2 基于技术的中介效应

当然，随着环境污染和气候变化问题的严峻化，气候规制对绿色或低碳技术的促进作用有扩大的趋势，"波特假说"在一定范围内确实存在（Porter et al., 1995; Greenstone et al., 2012; Calel et al., 2016; Zhu et al., 2019）。众所周知，技术创新一直被认为是能源转型的重要手段和驱动力，碳减排政策是否通过影响技术创新，间接作用于能源转型？以下继续采用经典的中介效应模型进行分析。此外，通过测算并比较各驱动因素的标准化系数，用以反映各因素对能源转型的影响程度。

鉴于技术创新仅能显著降低能源强度，以下主要研究技术创新在政策与能源强度之间是否存在显著的中介效应。表4-5第（1）列给出各驱动因素对能源强度的标准化回归系数，其中碳减排政策的回归系数可以衡量其对能源强度影响的直接效应；第（2）列显示除了技术创新之外其他因素对能源强度的影响，其中碳减排政策的回归系数可以衡量其对能源强度影响的总效应；第（3）列显示其他因素对中介变量技术创新的回归结果。从估计结果来看：一方面，第（1）列节能目标政策和新能源补贴的估计系数（0.171与0.060）和显著度明显小于第（2）列相应变量的估计系数（0.395与0.092）及其显著性；另一方面，目标约束和鼓励性补贴政策能诱发技术创新，且通过了系数乘积法的Sobel和Bootstrap检验。这意味着，在节能目标和新能源补贴政策作用下，技术创新导致的中介效应分别为0.224和0.032，即相比于2006年以前，节能目标和新能源补贴政策通过技术创新导致能源强度分别下降了0.224和0.032，即这两种政策对能源强度的影响可通过技术创新来实现，中介效应占比分别为56.74%和35.01%（见表4-6）。

图4-14描绘了各驱动因素对能源强度的影响程度。在不考虑基于技术创新中介效应估计的情况下，相比于其他因素，技术创新的驱动能力最高，对能源强度影响最大，其标准化回归系数为0.403。其次是经济表现指标，相对规模和出口开放的标准化回归系数分别为0.173和0.157，而政策因素如新能源补贴和碳市场的直接作用效果相对较低。但在估计基于技术创新中介效应模型的三个方程后，最为明显的结果就是节能目标政策对能源强度的总效应达到0.395，接近于技术创新的贡献。总体上，在中国能源转型初期，命令控制机制是推动能源转型较为有效的政策工具，新能源补贴的总效应也超过了试点初期碳市场的贡献。

第4章 中国能源转型的驱动因素

表 4-5 各驱动因素的标准化回归系数

变量	（1）能源强度	（2）能源强度	（3）技术存量	（4）天然气占比	（5）非化石占比	（6）低碳能源占比
节能目标政策	−0.171	−0.395*	0.556***	0.606**	−0.448*	0.007
新能源补贴	−0.060*	−0.092***	0.080**	0.047*	−0.039	0.000
碳市场	−0.072***	−0.061**	−0.027	0.137**	−0.051***	0.030
技术知识	−0.403**			0.093	−0.089	−0.173
能源价格	0.092	0.095	−0.008	−0.010	0.037	0.025
国有资本	0.010	0.012	−0.007	0.106	0.083***	0.124**
出口开放	−0.157*	−0.130	−0.067	−0.294**	0.132*	−0.060
外资进入	0.033	0.037	−0.010	0.454*	−0.086	0.173
相对规模	−0.173***	−0.176***	0.007	−0.144*	0.055	−0.030

注：括号内为省份集聚的稳健标准误；*、**、***分别表示在10%、5%和1%水平上显著。

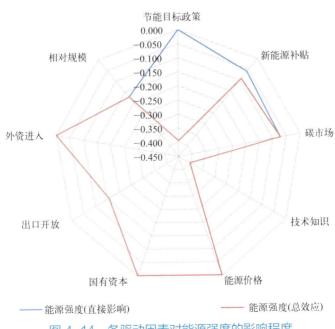

图 4-14 各驱动因素对能源强度的影响程度

结合表4-5第（4）～（6）列的估计结果，图4-15比较了各驱动因素对能源结构的影响程度。以天然气为例，三种碳减排政策均正向驱动天然气消费比重，其中节能目标政策的驱动效果最为明显，其标准化估计系数为0.606，再次说明目标约束政策对能源结构优化将产生巨大的驱动作用。对于非化石能源比重，正向驱动的因素包括国有资本和出口开放。而对于低碳能源消费比重，仅有国有资本比重有显著和正向的贡献。

表4-6 中介效应检验

自变量	中介变量	索贝尔·古德曼（Sobel-Goodman）检验		自举（Bootstrap）检验	
节能目标政策	技术知识存量	索贝尔统计量	-4.486***	正态近似置信区间	[-0.147 -0.0549]
		古德曼统计量1	-4.459***	百分位置信区间	[-0.104 -0.0707]
		古德曼统计量2	-4.513***	偏差校正置信区间	[-0.104 -0.0707]
中介效应占比		56.74%			
新能源补贴	技术知识存量	索贝尔统计量	-3.457***	正态近似置信区间	[-0.015 -0.0061]
		古德曼统计量1	-3.425***	百分位置信区间	[-0.020 -0.0055]
		古德曼统计量2	-3.491***	偏差校正置信区间	[-0.020 -0.0057]
中介效应占比		35.01%			

注：括号内为95%置信区间；*** 表示在1%水平上显著。

4.3.3 政策的动态效应

鉴于节能目标政策对能源转型有较大的驱动作用，且政策实施也是持续的动态调整过程，有必要进一步考察政策对能源转型的动态边际效应。作

第4章 中国能源转型的驱动因素

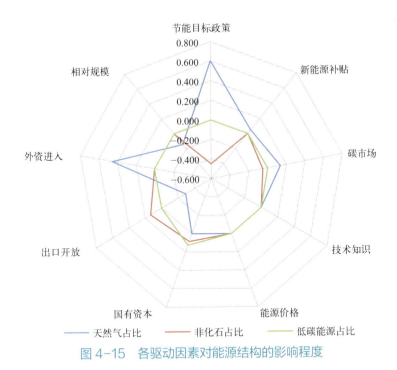

图4-15 各驱动因素对能源结构的影响程度

为比较，以下对同一时期开始实施的新能源补贴政策展开分析。表4-7显示这两种政策对天然气消费比重和能源强度的动态效应。设置两个时期虚拟变量：d^{11th}和d^{12th}（如$d^{11th}=1$，当属于"十一五"时期），分别与政策变量交乘。第（1）列结果显示，相对于"十五"时期，节能目标政策在"十一五"时期对天然气消费比重影响不显著，但在"十二五"时期，政策显著提高天然气比重。第（2）列同样使用新能源补贴与两个5年规划时期虚拟变量的交互项（sub^{11th}和sub^{12th}），结果显示，新能源补贴政策效果在"十二五"时期显著。第（3）~（4）列分别估计政策在两个五年规划时期对能源强度的影响，也发现节能目标政策和新能源激励在政策实施的第一个五年时期驱动效果不显著，在第二个五年时期政策效果开始显现。

进一步，模型设定通过设置一系列年度虚拟变量，并与政策变量交乘，根据交互项估计系数说明政策驱动效应如何随时间变化。图4-16展示了节能目标政策的动态效应估计结果（显著的估计系数已在图中标记出来）。从中可以直观地看出，2006年目标约束政策实施后，对天然气比重的回归系数在2007年和2009年显著为正，在"十二五"规划时期每年均显著为正，这进一步证实节能目标政策提高了天然气消费比重，且长期来说，政策的结构效应随时间推移逐渐加强。对于能源强度而言，节能目标政策只在2010年、2011年和2015年显著，特别是边际效应曲线在两个五年规划时期的考核年份（2010年和2015年）出现明显向下倾斜。这说明命令控制机制存在"突击性节能"，即在考核年份有效地节能，降低能源强度，在其他年份存在一定的反弹效应。

作为对比，激励政策的驱动效应也都存在滞后性，在"十一五"时期的最后一年才显著为正（图4-17）。具体来说，政策的结构优化效应在"十二五"时期后两年开始作用减弱，基本上不显著了。但对于能源强度，补贴激励能够提供持续的、稳定的政策导向，因而对能源强度有更为积极的影响。

表 4-7 政策的动态效应

变量	（1）天然气占比	（2）天然气占比	（3）能源强度	（4）能源强度
节能"十一五"	0.0119		−0.0839	
	（0.00871）		（0.0960）	
节能"十二五"	0.0402**		−0.291**	
	（0.0175）		（0.139）	
补贴"十一五"		0.000706		−0.0155
		（0.000828）		（0.0111）
补贴"十二五"		0.00355*		−0.0733***
		（0.0021）		（0.0183）
样本	450	450	450	450
R^2	0.901	0.898	0.960	0.960

注：括号内为省份集聚的稳健标准误；*、**、*** 分别表示在10%、5%和1%水平上显著。

第4章 中国能源转型的驱动因素

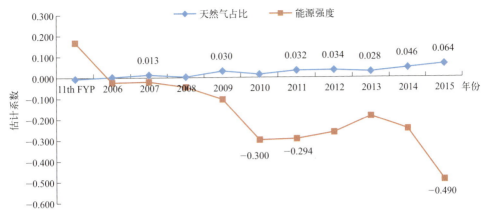

图 4-16 节能目标政策对能源转型的动态效应

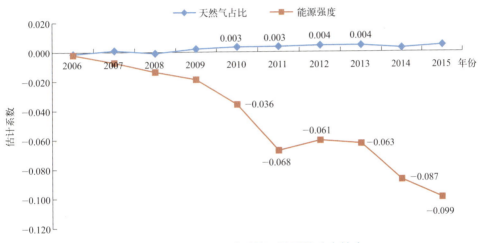

图 4-17 新能源补贴对能源转型的动态效应

4.3.4 不同产权结构的比较

当前进行的能源转型，政府政策的引导至关重要。然而，中国同时期也经历了市场产权结构多元化，这就留下了一个问题：新的非国有资本与传统的国有资本，在中国能源转型过程中扮演怎样的角色？鉴于上文单独分析国有资本对能源转型的影响并发现其显著正向驱动非化石能源和低碳能源消费比重，本节进一步试图比较不同产权结构对能源转型的影响差异。按照投资主体，产权结构可分为国有资本（包含集体资本）、法人资本（CC）、个人资本（PC）、港澳台资本（HMT）和外商资本（FC），本节在方程（4-1）的基础上，以国有资本为基准，引入其他产权结构指标，检验其之间是否存在系统性差异。

表4-8报告基于不同产权结构的估计结果。第（1）～（3）列的结果显示，相对于国有资本而言，所有非国有资本有更低的低碳能源消费结构，这再次表明国有资本对低碳能源结构有积极作用。具体而言，相对于国有资本，个人资本和外商资本显著减少非化石能源和低碳能源消费比重。风能、太阳能等非化石能源项目开发具有技术难度大、资金需求量大、投资周期长、抗风险能力较弱等特点，国有资本依靠资本优势和并网优势垄断新能源产业下游，个人资本和外商资本缺乏动力进入这些新能源行业，更多扮演投入少、回报周期短、收入有保障的上游供应商角色。

表4-8 基于不同产权结构的估计结果

变量	（1）天然气占比	（2）非化石占比	（3）低碳能源占比	（4）能源强度
法人资本	−0.0414	−0.0162	−0.0583	0.239
	（0.0438）	（0.0172）	（0.0417）	（0.304）
私人资本	−0.0712	−0.133**	−0.192***	−0.624
	（0.0543）	（0.0612）	（0.0677）	（0.392）
港澳台资本	−0.0307	−0.00549	−0.0338	0.862
	（0.0868）	（0.110）	（0.137）	（0.572）
外商资本	−0.133	−0.123***	−0.261**	1.387*
	（0.134）	（0.0423）	（0.125）	（0.784）
控制变量	是	是	是	是
样本	450	450	450	450
R^2	0.899	0.933	0.938	0.964

注：模型设定均包含其他政策变量和控制变量，限于篇幅，只报告了主要变量的估计结果；括号内为省份集聚的稳健标准误；*、**、***分别表示在10%、5%和1%水平上显著。

第（4）列的结果也表明，外商资本比国有资本有更高的能源密集度，更加耗能。这种影响可能反映了政府通过各种形式的税收和监管让步来支持外国直接投资的长期政策（Cheng et al., 2000; Dean et al., 2009）。这些让步很可能降低了外国资本的能源效率，并导致了比国有资本更高的能源强度。总体上，国有资本的多方面目标可能包括推进环境保护、增加可再生能源生产与消费、节约能源等，以帮助政府机构遵守绿色低碳目标（Grout, 2003; Liu et al., 2011; Wang et al., 2007）。

当前进行的能源转型，政府政策的作用至关重要。时不我待，主动作为，是当前能源转型与前两次能源转型的一个重要区别。当前正在进行的能源转型虽然政策引导的作用突出，但是推动能源转型的根本力量仍是科学技术。站在社会发展规律的高度来认识能源转型，要避免完全照搬他国的政策工具与措施。

Energy Transition to Address Climate Change

应对气候变化背景下的能源转型

第5章

碳中和目标下中国碳排放空间与能源转型

5.1 国内外对中国碳排放空间预测的比较分析
5.2 碳中和目标下中国碳排放空间的动态优化模型
（CESDOM）构建
5.3 碳排放空间约束下的中国能源转型

5.1 国内外对中国碳排放空间预测的比较分析

现阶段，中国低碳转型仍存在巨大的发展空间和发展潜力。与此同时，中国低碳转型也面临着巨大的挑战。首先，煤炭消费占比仍处于高位，超过50%，单位能源的二氧化碳排放强度比世界平均水平高出约30%；高碳能源消费占比过高进一步增加了能源结构优化任务的艰巨性。其次，我国单位GDP的能耗仍然较高，约为世界平均水平的1.5倍、发达国家的2～3倍，由此也造成了绿色低碳经济体系构建任务的艰巨性。在当前新的减排形势下，加快推进能源转型势在必行，这不仅对我国2030年前碳达峰以及2060年前碳中和目标的实现至关重要，也是推动中国绿色低碳发展的重要前提，同时也对全球实现2℃甚至1.5℃温控目标具有重大意义。

针对当前国际减排的新形势，结合目前国内的政策背景，国内外许多研究机构、学者纷纷从不同视角、不同层面、不同尺度对未来我国可能的碳排放数量及其路径趋势进行了相关分析、预测。为了更加全面、科学的识别、探究未来我国碳排放总量及其趋势，本章对现有的研究加以梳理、对比、总结。

5.1.1 主要研究方法比较

就研究方法而言，当前国内外研究机构根据各自不同的研究视角、侧重方向以及相应的情景设计分别构建了多种碳排放路径预测模型。基于此，对当前国内外碳排放趋势预测主流模型的梳理、总结，将有助于读者进一步了解模型预测背后的潜在逻辑，从而也进一步验证了预测结果的科学性、合理性。

AIM/CGE（Asia Pacific integrated model, AIM）模型是亚太综合模型组件的核心部分之一，其本质上是一种动态递归可计算一般均衡（computable general equilibrium, CGE）模型。就功能而言，该模型主要致力于刻画全球和区域的经济生产活动以及对AIM组件中温室气体排放经济反馈的识别

（Fujimori, et al., 2017）。就模型内部结构而言，该模型主要分为几个模块，其中经济活动主要是由在生产模块嵌套的固定弹性替代（CES）函数来加以刻画。由政府、企业、家庭三部分组成的收入和制度模块描述了各利益相关者之间的跨部门分配状况。此外，支出模块描述了政府和家庭支出及其与资本形成的相互作用，市场模块则主要针对商品市场进行出清。总体而言，在AIM/CGE模型中，一共考虑了14个能源部门和17个非能源部门，涵盖了大比例的废气排放份额，包括二氧化碳及其他9种非二氧化碳气体（如甲烷、二氧化氮和氨气）。此外，在地理层面上，该模型的研究对象主要针对亚洲地区，并在对亚洲模式模拟的基础上，该模型在中国问题研究中获得了实质性的发展（Calvin, et al., 2012）。

GCAM（global change assessment model）是一种典型的综合评估模型，该模型最早由西北太平洋国家实验室的全球变化联合研究所开发。具体而言，该模型由几个独立的模块组成，其中具体包括宏观经济模块、气候模块、能源模块、农业模块、土地利用模块等几个方面。此外，鉴于人口增长、生产率提高以及劳动力投入等外生变化的存在，模型估计结果可以通过对能源产品、农产品和碳排放的均衡价格和均衡数量的跨时期优化来实现。就技术层面而言，GCAM模型为经济系统、能源系统和气候系统之间的相互作用提供了多种技术选择。其中，不同的技术基于其独特的成本优势、技术特征和产出价格竞争市场份额，而这些相应的要素都是通过嵌入式概率模型计算得出的（Calvin, et al., 2012）。最初，GCAM模型的建立主要是为了研究、预测、分析本世纪内的二氧化碳排放路径，但是随着近年来该模型的发展逐渐成熟、完善，其应用领域也已逐渐扩展至农业、土地利用、水资源供需等方面的研究中。

世界诱导技术变革混合（world induced technical change hybrid, WITCH）模型是一个典型的能源-经济-环境（3E）综合评估模型，其包含了三个核心模块，即经济系统模块、能源系统模块和简单的气候系统模块。在模型的最初版本中，其将世界共划分为13个区域。而后，该模型通过不断发展完善，在最新版本中已扩展至17个区域，从而能够从更多的地理维度更细致地丰富研究成果。此外，就技术层面而言，WITCH模型也致力于进一步丰富、完善传统的自上而下模型结构中的技术细节，还开发了从能源投入

（化石燃料和非化石燃料）到经济生产的动态演变过程，并进一步延伸至与不断增加的碳排放相关的气候波动模块。需要强调的是，该模型还考虑了与研发活动相关的能源效率和清洁能源技术的创新（Aldy, et al., 2016）。近年来随着环境问题的研究日益增加，WITCH模型已成为全球多模式比较的重要参与者，并在技术可行性分析、减排途径和气候政策方面发挥了积极作用。

CE3METL（Chinese energy-economy-environmental model with endogenous technological change by employing logistic curves）模型是以技术驱动的全球3E综合评估模型的中文版，该模型最初是由中国科学院于2013年构建的。具体而言，CE3METL模型致力于将自上而下模型和自下而上的模型框架连接起来，用修改后的逻辑曲线代替传统的不变替代弹性（constant elasticity substitution, CES）方法，从而达到丰富技术细节的目的。此外，例如边做边学习模型（learning-by-doing, LBD）和边搜索边学习（learning-by-searching, LBS）模型等在内的多因素学习模型，也在CE3METL模型中得到了很好的发展。CE3METL模型实现了将非化石能源技术进步内生化的目标，这在很大程度上纠正了单纯由外生趋势描述所造成的对技术进步的低估。就研究领域而言，该模型已被广泛应用于许多方面，包括减排潜力的评估、技术替代产生的环境效益分析、NDCs（nationally determined contributions）目标的综合政策评估以及缓解和适应之间的权衡等诸多领域（Duan et al., 2018）。

GCAM-TU（global change assessment model-Tsinghua University）模型是全球GCAM模型的增强版本和中国化版本，该模型严格遵循GCAM的基本结构，其中具体由能源系统模块、农业和土地利用模块、简单气候系统模块和污染控制模块组成。在GCAM的基础上，GCAM-TU主要从两个方面进行了相应的改进。首先，它进一步对产业结构、服务类别和技术类别进行了细致划分。具体而言，该模型包含了三个主要部门，即工业、建筑业和交通运输业，并进一步强调了终端能源消耗在温室气体排放中的主导作用。然后，通过将人口增长、经济活动、一次能源价格与能源消耗联系起来，从而共同确定未来的能源需求。其次，GCAM-TU模型又基于中国的实际情况对模型中所用到的许多输入参数和关键假设进行了相应更新，例如根据最新的《中国统计年鉴》重新校准了2015年的基准能源数据；又基于最近的几项相关研究对中国未来能源（电力）供需的预期进行了相应的调整等。

IPAC（integrated policy assessment model for China）模型，即中国综合政策评估模型，是国家发展和改革委员会能源研究所（ERI-NDRC）开发的IAM组件，其中包括自上而下的CGE模型、IPAC-CGE模型、自下而上的技术优化模型、IPAC-AIM模型以及排放路径模拟模型IPAC-Emission。具体而言，IPAC-AIM模型致力于计算终端部门不同类型的能源需求，并根据成本最小化目标得出最佳技术选择；AIM-Emission模型测算了由能源消耗产生的碳排放量，此外，该模型还可以用于计算由于土地使用和工业生产过程而产生的温室气体排放；IPAC-CGE模型用于识别气候政策对碳排放路径的可能影响，以及碳排放与经济活动之间的反馈效应。将这三个模型耦合起来，能够更好地对能源和气候政策进行综合性评估，从而得到更加科学、全面的评估结果。长期以来，IPAC模型在设计中国碳排放情景和全球碳排放情景方面发挥着重要的作用，该模型也是IPCC 1.5℃特别报告的主要参与模型之一（Jiang，2014）。

5.1.2 主要情景比较

情景设定是以过去和当前的发展态势为基础，充分考虑未来可能发生的一些变化，其中包括政策实施、人口增长、要素禀赋变化以及技术进步的一般规律等因素，从而模拟得到的情景。

当前国内外相关研究主要根据现有政策的延续、全球1.5℃和2℃的温控目标、能源强度变化、碳税走势以及碳达峰时间等划分标准设置了不同的情景，具体如表5-1所示。其中，GDP变化率和碳排放强度变化率在不同情景下的设定值存在一定差距。具体而言，在2021～2025年，GDP变化率的设定范围在5.30%～6.00%，碳强度变化率的设定范围则为−4.10%～−3.10%。类似地，在2046～2050年，GDP变化率的设定范围调整为3.00%～3.70%，碳强度变化率的设定范围则变成了−5.27%～−4.10%，其具体范围如图5-1所示。

表 5-1 中国碳排放空间预测比较

序号	名称	机构	情景设置	具体表述
A	中国 2050 年能源转型及路径分析（2021 年）	中国 2050 低排放发展战略研究项目组	2℃情景	2050 年实现与 2℃目标相契合的减排情景
A			1.5℃情景	2050 年实现 CO_2 净零碳排放
B	中国 2030 年前碳达峰、2060 年前碳中和研究报告（2021 年）	全球能源互联网发展合作组织	现有模式延续情景	延续现有计划的减排措施、政策框架，以及可预见的技术路径继续发展
B			碳中和情景	基于中国能源互联网实现 2060 年前碳中和
C	中国长期低碳发展战略研究与转型路径研究（2020 年）	清华大学气候变化与可持续发展研究院	政策情景	落实并延续 2030 年 NDCs 目标
C			强化减排情景	"自下而上"强化 2030 年前 NDCs 情景
C			2℃情景	2050 年实现与 2℃目标相契合的减排情景
C			1.5℃情景	2050 年实现 CO_2 净零碳排放
D	全球能源分析与展望 2020（2020 年）	国网能源研究院	基准情景	自主减排承诺全部兑现并在 2030 年后保持政策连续性
D			加快转型情景	能源气候政策更趋严格，终端电气化与可再生能源发展提速
D			2℃情景	以全球 2℃温升目标为约束，考虑各国已公布的碳中和时间表
E	2050 年世界与中国能源展望（2020 年）	中国石油天然气集团有限公司	参考情景	能源相关技术按照当前趋势不断进步
E			氢能社会情景	加大氢能发展基础设施与科研投入力度
E			碳中和情景	以 2030 年前碳达峰、2060 年前碳中和目标为约束

续表

序号	名称	机构	情景设置	具体表述
F	零碳之路:"十四五"开启中国绿色发展新篇章（2020年）	世界资源研究所（WRI CHINA）	现有政策情景	延续当前国家已公布的政策导向和目标
			强化行动情景	在保障各类生产生活需求以及控制减排成本的前提下，加强各领域的节能减排措施力度
G	中国碳中和目标和气候路径报告（2020年）	波士顿咨询公司	基准情景	延续现有计划的减排措施、政策框架，以及可预见的技术路径继续发展，不做额外碳减排努力
			2℃情景	2050年实现与2℃目标相契合的减排情景
			1.5℃情景	2050年实现CO_2净零碳排放
H	世界能源展望中国特别报告（2017年）	国际能源署	当前政策情景	基于现有政策及措施
			新政策情景	现有政策与措施以及中国已公布的政策雄心
			可持续发展情景	描述了中国将采取什么样的措施力争在2030年前为全民提供现代化能源服务

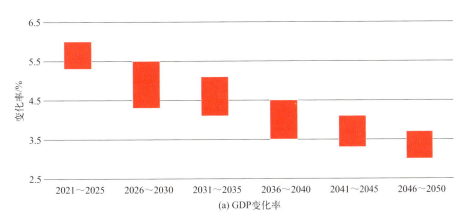

(a) GDP变化率

图 5-1

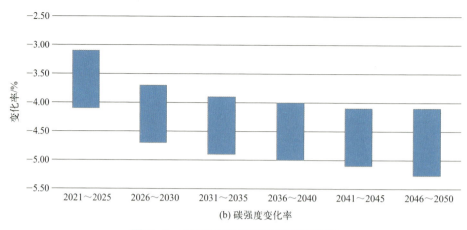

(b) 碳强度变化率

图 5-1 GDP 变化率和碳强度变化率

5.1.3 研究结果比较

（1）**碳达峰时间及其峰值预测** 根据表 5-2，当前国内外相关报告预测的中国碳达峰时间在基准情景下是 2030 年左右；而在 2℃目标情景以及碳中和情景下，碳达峰时间约在 2025 年，预测符合中国所提出的"力争在 2030 年前达峰"这一重要宣示。根据清华大学气候变化与可持续发展研究院（2020）发布的《中国长期低碳发展战略与转型路径研究》综合报告，碳达峰峰值在基准情景下大约为 110 亿吨，在 2℃目标情景和 1.5℃目标情景下则约为 100 亿吨。此外，其他机构预测报告的排放峰值也大多处于 100 亿吨左右。

表 5-2 碳达峰时间及峰值

名称	情景设置	碳达峰时间	碳达峰峰值
中国 2030 年前碳达峰、2060 年前碳中和研究报告（2021 年）	碳中和情景	2028 年	109 亿吨
中国长期低碳发展战略与转型路径研究（2020 年）	政策情景	2030 年	110 亿吨
中国长期低碳发展战略与转型路径研究（2020 年）	强化减排情景	2028 年	105 亿吨

续表

名称	情景设置	碳达峰时间	碳达峰峰值
中国长期低碳发展战略与转型路径研究（2020年）	2℃情景	2025年	100亿吨
	1.5℃情景	2020年	100亿吨
全球能源分析与展望2020（2020年）	2℃情景	2025年	100亿吨
2050年世界与中国能源展望（2020年）	参考情景	2030年	102亿吨
	氢能社会情景	2025年	100亿吨
	碳中和情景	2025年	99亿吨

（2）关键年份碳排放量预测　　当前相关报告主要针对2050年前中国碳排放量发展趋势进行预测，并重点报告了每个五年规划收官之年的碳排放量。关于2025年碳排放量预测，基准情景下平均碳排放量约为104.59亿吨，2℃目标情景下平均碳排放量约为96.5亿吨，1.5℃目标情景下平均碳排放量约为92.75亿吨，如图5-2所示。根据图5-3，关于2030年碳排放量预测，基准情景下平均碳排放量约为107.36亿吨，2℃目标情景下平均碳排放量约为86.25亿吨，1.5℃目标情景下平均碳排放量约为80.36亿吨。关于2040年碳排放量预测，基准情景下平均碳排放量为100.93亿吨，2℃情景下平均碳排放量约为62亿吨，1.5℃目标情景下平均碳排放量约为43.5亿吨，如图5-4所示。此外根据图5-5发现，关于2050年碳排放量预测，基准情景下平均碳排放量约为86.4亿吨，2℃目标情景下平均碳排放量约为37.33亿吨，1.5℃目标情景下平均碳排放量约为16.4亿吨。

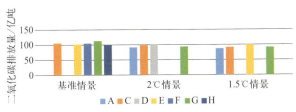

图5-2　2025年碳排放量预测

注：A～H为表5-1中所列出的报告序号

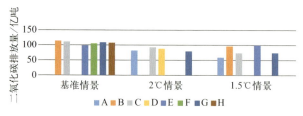

图 5-3　2030 年碳排放量预测

注：A～H 为表 5-1 中所列出的报告序号

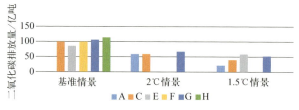

图 5-4　2040 年碳排放量预测

注：A～H 为表 5-1 中所列出的报告序号

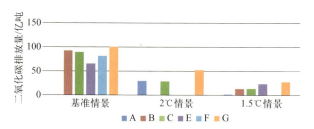

图 5-5　2050 年碳排放量预测

注：A～G 为表 5-1 中所列出的报告序号

5.2　碳中和目标下中国碳排放空间的动态优化模型（CESDOM）构建

总体而言，目前各国总体的自主减排贡献并不能够实现将全球平均温升控制在 2℃以内的目标，与实现 1.5℃温升目标所要求的减排总量相比则差距更大。同样地，中国的自主减排目标可能在一定程度上也会与长期温升目标存在一定偏差。自主贡献目标、2℃温升目标和 1.5℃温升目标三类碳排放目标对中国长期的碳排放空间约束不同，将会对中国的能源转型路径产生不同的影响。

5.2.1 情景设计

为了研究中国中长期低碳发展的趋势，判断中长期内的碳排放空间是否充足，继而探索最优能源转型路径，需要对这三类目标下中国可以利用的碳排放空间进行测算。基于此，设计了针对不同碳排放目标下的两种不同情景展开研究。

（1）**基准情景** 基准情景是以中国在《巴黎协定》框架下提出的自主贡献目标、相关政策和行动规划为支撑，延续当前低碳发展转型趋势和政策的情景。在基准情景下，未来中国经济走势按一定常规趋势发展，经济生产对能源电力依然有较大需求。同时，在碳排放方面不再特意采取新的控制政策，能源结构也将按当前政策调整步伐稳步推进。该情景综合考虑能源需求结构与供给结构两类因素对碳排放影响的情况下的中国未来的碳排放路径。此外，在基准情景中不考虑碳达峰、碳中和目标，建立合理的基准情景至关重要，它是分析碳中和的经济影响的参照。

（2）**碳中和情景** 碳中和情景旨在到本世纪中叶以努力实现二氧化碳净零排放和其他温室气体深度减排为目标，研究和论证该情景的实现可能性及路径选择，并评价其可能产生的社会经济影响。碳中和情景综合考虑了国际减排新形势、国内经济社会的可持续发展、能源结构、能源安全等方面的需求。此外，该情景是在改变经济发展模式、改变生产消费方式、强化低碳绿色技术进步、实现低能耗和低温室气体排放方面做出重大努力的碳排放情景。该情景下，经济社会发展、能源结构优化、节能减排技术等方面均将出现重大改观。与此同时，经济发展进入更低速的增长阶段，在经济生产过程中对能源电力的需求将进一步降低，碳排放控制措施进一步强化，能源结构优化调整进程明显加快。

（3）**碳中和情景下的两类行动方案** 在碳中和情景中，考虑到未来减排的力度及减排行动的时间节点，进一步设置了两类行动方案：减排早行动方案和减排晚行动方案。在减排早行动方案下，假设了中国将可能会在二氧化碳排放达峰后，尽可能早地采取进一步高强度碳减排政策措施。从产业、能源、技术等方面全面实施高强度碳减排措施，以实现碳排放量的迅速下降，从而尽早实现碳中和目标。相比而言，在减排晚行动方案下，假定在中国实现二氧化碳排放达峰后,并没有立即采用进一步的高强度碳减排政策措施,而是采用相对较缓和的政策以实现碳排放的短期内缓慢下降。在经历一段时间的减排后,缓慢并逐步采取严格的碳减排政策,以期实现2060年净零排放的最终目标。

通过对这两类行动方案的设计,本节试图对碳中和情景下未来碳减排行动的时间、力度及范围进行估计,从而得出不同的碳减排路径,以区分未来相关政策的减排效果。

(4)参数设定——宏观经济变量　在基准情景下,考虑到未来人口数量及其结构变化可能带来的影响,预计未来劳动力供给约束将会越来越强。此外,根据相关人口学理论,中国"刘易斯拐点"已经到来,未来一段时期内农村可转移劳动力的潜力也将呈现下降趋势。与此同时,未来一段时期内考虑到随着人口老龄化和总抚养比的不断提升,国民储蓄率也将会进一步下降。针对当前的国际、国内经济形势,全球经济预计仍将在较长一段时间内维持低速增长状态,国际市场对中国产品的需求增速将有所下降。综合未来全球经济增长的历史经验及其可能趋势,现大多数研究多普遍假设未来10～15年间国际市场对中国产品的需求增速相比过去10年将下滑5～10个百分点。就技术层面而言,随着中国距前沿国家的差距逐步缩小,技术水平的提升进程也将逐渐明显,其在经济生产过程中的作用也越来越重要。根据以往国际经验显示,随着经济发展水平的提升,国内生产要素成本将不断上升,实际汇率将会出现不同程度的升值,产品出口的国际竞争力也将呈下降趋势(中国能源模型论坛,2021)。

针对不同的发展情景,进一步对相应的宏观经济变量做出具体假定。当前,中国正在经历经济增长方式的重大变革。自2000年以来,随着中国工业化进程的逐步推进,中国经济踏上了高速增长的道路,且增速呈逐年上升趋势。经济增长率最高达到14.2%,之后开始逐年下降但仍保持在9%以上。然而,近年来中国经济增长速度回落明显,经济发展进入新常态。经济增速从2010年的10%逐步过渡到7%左右,实现了由过去的高速增长向中高速增长的转变。此外,考虑到国内外市场环境的变化以及中国产业结构的调整升级,预计到2030年之后,内需增长将成为经济增长的主要驱动因素,国际常规制造业的竞争力由于劳动力成本的快速上升而有所下降。

随着一系列政策措施的推进,经济结构将不断改善,产业结构逐步升级，高质量产业的国际竞争力也将日渐增强，从而推进中国经济仍能在不断调整中以较为平稳的速度发展。估计在2025～2030年，中国经济将保持年均6%的增长速度。虽然当前中国经济发展已经进入新常态，但大多数研究认为中国的经济发展依然保持良好状态，经济增速降缓的主要原因在于过去10年间对一些行业的无效投资降低了经济投入的回报。但这一现象是暂时的，通过用数年时间消解完无效产能之后，投资将会以更加合理的方式进入恰当的行业，从而促进未来中国经济实现良好增长态势。

此外，中国政府决心改变过去依赖资源投入驱动的经济增长模式，提出从需求侧和供给侧两个方面共同促进中国经济增长向价值创造型的可持续发展方式转型。需求侧重点是要扩大消费、降低投资，同时加以调整需求结构和投资结构。供给侧重点是优化产业结构，不仅包括产业间的结构比例，还包括产业内部高低附加值产品的优化，提高增加值率。需求侧和供给侧带来的经济结构变化是影响未来能源消费和二氧化碳排放的关键因素。在基准情景下，根据国际货币基金组织（IMF）发布的《世界经济预测》（IMF, 2020），由于新冠病毒流行的影响，2020年中国经济的实际GDP增长放缓。在2021年强劲复苏之后，从2022年恢复到正常增长趋势。实际GDP将继续强劲增长，但整体增长速度将缓慢下降。增长方式偏向于消费和消费相关的产业，进口增长将超过出口增长，服务业增长将超过工业增长，工业增长将高于农业增长。图5-6分别展示了基准情景下GDP供给侧和需求侧的累计增长。

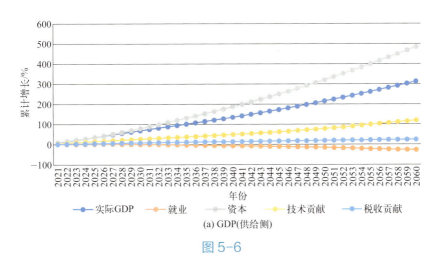

(a) GDP(供给侧)

图 5-6

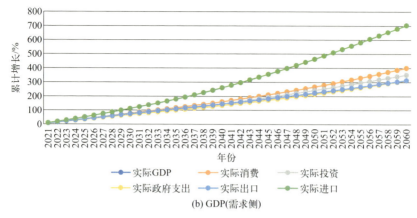

(b) GDP(需求侧)

图 5-6 基准情景：宏观经济增长

数据来源：国家统计局2018～2019年实际GDP增速；国际货币基金组织《世界经济展望》（2020—2025）；国际能源署《世界能源展望》

在碳中和情景下，假定实际工资在政策冲击初期具有黏性，后期将逐步调整，以帮助就业逐年向基准情景回归。预期资本回报率决定投资；贸易平衡占GDP的比重与基准情景一致；居民消费取决于居民可支配收入；政府支出与私人消费增速一致；进口商品价格不变。由此得出碳中和情景下各宏观变量与基准情景的区别。

（5）参数设定——能源强度和碳排放强度 在经济新常态下，中国政府相继出台了一系列宏观政策，旨在从根本上扭转中国粗放的、高能耗的传统经济发展方式，从而推动中国经济发展与产业结构低碳化转型的再平衡。从本质上讲，该类政策不仅对经济发展方式产生了深远影响，同时也深刻影响着中国能源市场。尤其是经济结构的优化升级、服务业比重不断提升，这都意味着中国单位GDP产出的能源消耗不断降低（IEA, 2020）。此外，随着能源效率的进一步提升，进而中国能源增长模式也将进入新常态。能源新常态主要是指在中国经济发展进入新常态之后，能源结构、能源强度、碳排放等方面呈现出新的发展态势。其具体主要表现为能源需求总量增速放缓，结构加速转型，能源效率提升和能源消费结构低碳化、清洁化等方面。

综上，参照澳大利亚维多利亚大学政策研究中心（CoPS）测算结果，做出基准情景和碳中和两种情景、三种方案下的能源强度指标及碳强度指标设定，如图5-7所示。

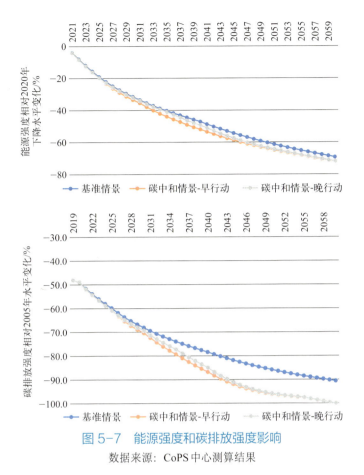

图 5-7 能源强度和碳排放强度影响

数据来源：CoPS 中心测算结果

（6）参数设定——碳捕获与封存技术　在未来的碳减排进程中，碳捕获与封存技术无疑将会对减排路径及效果产生重要影响。因此，在碳中和情景下分别考虑了三种 CCS（carbon capture and storage）技术，其分别是传统固定源排放 CCS、BECCS（bio-energy carbon capture and storage）、DACCS（direct air carbon capture and storage）。根据数据的可获得性，其中采用固定源排放 CCS 的产业包括化工、水泥、钢铁、火电四大行业下共 26 个产业。此外，由于 CCS 捕获的二氧化碳排放量受不同排放源的二氧化碳排放空间限制，假设以不同排放源在不同年份排放的二氧化碳被 CCS 捕获的渗透率为基础。即如果排放源 a 在 t 年产生的二氧化碳排放量为 Q_{at}，被 CCS 所捕获的排放量为 X_{at}，则该年该排放源 CCS 捕获率 cat 为：cat=X_{at}/Q_{at}。类似地，对 BECCS 的假设也是基于渗透率。具体而言，对 BECCS 捕获排放量的假定是根据生物能的发电量以及同等发电量下煤电的排放量推算的。此外，还假设煤基的CCS规模化应用开始于2031年，之后呈逐年上升趋势。捕获的排放包括化工、水泥、钢铁、煤电产业由于用煤而产生的碳排放。对燃油和燃气产生二氧化碳排放的CCS规模化应用始于2041年，包括的产业为化工和电气。并且在2060年，CCS和BECCS的渗透率将都达到90%。此外，在2060年，经济体将仍剩余一部分由能源系统产生的碳排放，假设这部分剩余的碳排放量将全部被DACCS技术的规模化应用捕获。碳捕获与封存技术的具体变化趋势如图5-8所示。

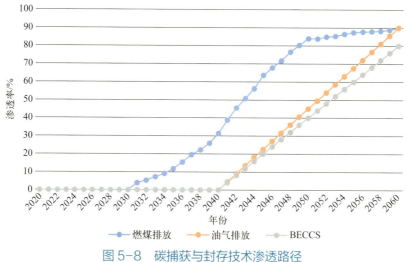

图5-8 碳捕获与封存技术渗透路径

数据来源：CoPS中心测算结果

（7）参数设定——人口数量　　当前大多数的研究表明，随着中国农村人口生育状况的不断改善，中国人口在未来一段时间内基本保持平稳趋势。尽管可能随着经济发展水平的不断提高和人民生育观念的转变，在一定程度上给人口持续增长带来负面影响。但是，针对这些因素各级政府也有意识地逐步放宽生育政策，实施鼓励生育措施，致使中国的人口数量也将基本维持在一个稳定水平。基于此，主要参照国家卫健委设定的人口发展情景进行了相关分析。在该人口发展情景下，预计在2030年和2040年中国人口将达到峰值，约为14.5亿人，继而到2060年将下降到约为14.2亿人。其中，具体各时期的人口状况如表5-3所示。

表 5-3　人口和城镇化

项目	2020 年	2030 年	2040 年	2050 年
人口 /×10^6 人	1410	1450	1450	1430
城镇化率 /%	63	70	74	79
城市人口 /×10^6 人	907	1029	1088	1138
农村人口 /×10^6 人	533	441	382	302

注：数据来源于《中国2050低排放发展战略研究》。

此外，考虑到劳动力供给和消费模式的转变等相关问题的存在，又针对人口年龄分布、城镇化进程进行了相关分析。此外，也进一步分析了农业生产所需要的劳动力，以及相应的农村人口数。例如，中国土地广袤、山地地形较多，农业生产过程中大规模机械化水平较低，对农业生产所需的劳动力数量较多。基于此，相应匹配的农村人口数量会达到15%左右，同时考虑一定的冗余度，最终中国的城镇化率将达到80%甚至更高（中国能源模型论坛，2021）。

5.2.2　模型构建

（1）碳排放空间预测模型构建　在当前新的碳减排政策和目标背景下，为了进一步判断中长期碳排放空间是否足够，进而确定最优的能源转型路径，有必要测算未来中国可分配的碳排放空间。现有的大多数研究结果表明，累积碳排放与全球大气温升之间存在近似线性的相关关系。累积排放也被称为碳预算，在给定的碳预算目标下，满足要求的排放路径并不是唯一的。此外，不同的减排路径也会对未来碳排放的时空分布产生影响，从而对短期、中期、长期不同时间节点的减排力度提出不同的要求。因此，针对不同的碳减排目标，对不同情景下中国未来不同时期的碳排放空间进行估计，从而为进一步探究中国能源转型路径，以促进我国能够更好、更快地实现碳减排目标做出贡献。

鉴于此，一方面定义了相应减排目标下一定规划期内（0～t）的碳排放总量为 E。其中，E_t 表示规划末期的碳排放总量。另一方面，以 E_T 来表示在整个规划期内碳排放总量的值。相应地，根据碳排放强度和GDP以及碳排放三者的相互关系，以上这两种不同类别的碳排放总量可以定义为：

$$E_t = \mathrm{GDP}_t \cdot \mathrm{CI}_t \tag{5-1}$$

$$E_T = \sum_{t=1}^{T} E_t = \sum_{t=1}^{T} \mathrm{GDP}_t \cdot \mathrm{CI}_t \tag{5-2}$$

式中，CI_t表示t时期的碳排放强度；GDP_t表示在t时期的国内生产总值。此外，根据Kaya恒等式，可以将碳排放强度按以下公式进行进一步的分解。

$$\mathrm{CI}_t = \frac{E_t}{Y_t} = \frac{E_t}{N_t} \cdot \frac{N_t}{Y_t} = \omega_t \cdot v_t \tag{5-3}$$

式中，N_t表示t时期的能源消费总量；E_t表示t时期的碳排放总量；ω_t和v_t分别表示t时期能源消费强度和与能源相关的碳排放因子。另外，ω和v的年变化率可以分别用α和β来定义。因此，进一步可以得到t时期的碳排放强度，具体如下所示。

$$\mathrm{CI}_t = \omega_{t-1}(1-\alpha) \cdot v_{t-1}(1-\beta) \tag{5-4}$$

通过将获得的碳排放强度代入上式中，就可以得到相应年份的碳排放空间总量。根据不同年份的碳排放空间数量，从而识别未来中国不同情景下的碳减排路径，也进一步为中国今后的能源转型战略的制定提供参考。

（2）碳排放空间动态优化配置模型构建 通过对上述不同情景下中国碳排放空间总量的估计测算，进一步构建碳排放空间动态优化配置模型，将不同情景下所测算出的中国碳排放总量分配到每一个年份（2020～2050年），从而实现碳排放空间的动态最优配置。

为进一步识别并优化中国在每一年份中的碳排放空间分配量，构建了一个碳排放空间动态优化配置模型。该模型在经济增长理论的框架下，综合考虑了社会福利、经济产出和碳排放空间约束等因素。在传统的最优增长模型中，社会因对资本品的投资而减少了当前的消费，由此增加未来的消费。此外，相较于传统优化模型而言，该模型还将气候投资纳入其中，传统模型的资本存量被扩展到包括对环境的投资（"自然资本"）。换而言之，将二氧化碳的排放看作是"负自然资本"，把减排看作是减少负自然资本数量的行为。

因此，减排行为可能会引致当前消费的降低，但通过防止对经济有害的气候变化，从而能够增加未来消费的可能性。

具体而言，假设某一地区每个时期都有一套明确的偏好，由社会福利函数表示，并随着时间的推移优化其收入、消费、投资和碳减排政策。此外，社会福利函数会随人均收入的增加而增加，且存在边际效用递减。需要强调的是，不同时期人均收入的重要性取决于其相对规模。不同时期的相对重要性用时间偏好率来衡量，效用函数的曲率由边际效用弹性给出，其具体形式如下式所示。

社会福利：

$$\max W = \sum_{t=1}^{T} [U(t)R(t)] \tag{5-5}$$

s.t.

$$R(t) = (1+\rho)^{-t} \tag{5-6}$$

$$U(t) = L(t)[y(t) \times (1-G(t))]/E(t) \tag{5-7}$$

式中，$L(t)$、$y(t)$、$E(t)$ 分别表示 t 时期的人口、人均收入和碳排放总量；$G(t)$ 表示 t 时期的人均收入差距；$U(t)$ 表示效用函数；W 表示效用现值；$R(t)$ 表示社会时间偏好贴现系数；ρ 表示社会时间偏好。此外，在最大化社会福利目标函数的同时，还应满足相应的约束条件。具体而言，这些约束不仅包含传统的经济系统，而且还包含为气候变化建模而设计的地球物理关系。同时，假设每个地区生产一种商品，可用于消费、投资或减排。每个地区都有一个初始的资本和劳动力存量，以及一个初始的和特定的技术水平。其中，人口增长和技术变化是外生的，而资本积累则是由随时间的推移而优化的消费流决定的。此外，产出是以资本为代表、劳动力为输入，其关系是通过柯布-道格拉斯生产函数确定的，具体形式如下所示。

$$\begin{aligned} Y(t) &= A(t)K(t)^{\gamma}L(t)^{1-\gamma} \\ y(t) &= Y(t)/L(t) \\ K(t) &= I(t) - \delta K(t-1) \\ Q(t) &= \Omega(t)Y(t) \end{aligned} \tag{5-8}$$

式中，$Y(t)$、$A(t)$、$K(t)$、$I(t)$ 分别表示第 t 时刻商品和服务的总产出、全要素生产率(代表技术发展水平)、资本存量和投资；$Q(t)$ 表示在去掉减排成本和气候损失之后的净产出；调整系数 $\Omega(t)$ 与减排成本和损害成本的函数有关；δ 表示折旧率，投资和折旧率共同揭示了资本的运动规律。

需要指出的是，该模型的气候模块将温室气体排放与浓度、辐射强度和温度联系起来。在此基础上，该模型通过引入气候损害函数和减排成本函数，从而综合考虑了经济模块和气候模块之间的相互作用。此外，在实现目标社会福利最大化的同时，还应满足碳排放空间相应的约束条件。首先，第一个约束条件是必须在时间规划期内开发利用所有的碳排放空间存量。其次，动态优化的第二个约束条件是终端状态条件。对于碳排放空间的动态优化配置，终端状态是固定的。这也意味着，状态变量的值是在最终时间点固定时获得的。另外，社会福利函数也受到气候变化建模所设计的地球物理关系的限制，以满足环境政策的减排约束。具体来说，这个动态最优模型的地球物理部分包含了一些涉及影响气候变化几个不同因素的关系，其中包括一些与碳循环的简化关系，即一个简单的气候模型，以及区域气候破坏关系。对应的地球物理关系约束如下。

$$
\begin{aligned}
& E(t)=\sigma(t)[1-\mu(t)]Y(t) \\
& \dot{x}(t)=-E(t) \\
& x(T)=X_T, \quad x(1)=X_1 \\
& D(t)=\alpha_1 T(t)+\alpha_2 T(t)^2 \\
& T(t)=\varepsilon T(t)+\omega \ln E(t)/E(t-1) \\
& \Lambda(t)=\theta_1(t)\mu(t)^{\theta_2} \\
& \Omega(t)=[1-\Lambda(t)][1-D(t)]
\end{aligned}
\tag{5-9}
$$

式中，$\dot{x}(t)$ 表示碳排放空间的变化率；$D(t)$ 表示温度升高造成的损失；α_1、α_2 表示损伤函数的系数；$T(t)$ 表示 t 时刻的表面平均温度；ε、ω 表示温度函数的系数；$Y(t)$ 表示商品和服务的总产出；$E(t)$ 表示二氧化碳排放；$\Lambda(t)$ 表示减排成本占产出比例；θ_1、θ_2 分别表示减排成本函数的参数；$\mu(t)$ 表示排放控制率；$\sigma(t)$ 表示不受控制的工业排放与产出的比率。

5.2.3 预测结果分析

（1）基准情景 在基准情景下，2020～2060 年间中国二氧化碳排放空间呈先增后减的趋势（图5-9）。碳排放预计将在2030年前达峰，峰值排放量约为105亿吨。此后，碳排放将呈逐年减少的趋势，其中2060年的排放量与2020年的排放量相比，大约降低24%，总量约为75亿吨。总体而言，基准情景下中国碳排放量与所预期设定目标尚且存在较大差距，根本无法保障自主贡献目标的实现。这一结果也进一步表明了中国出台、实施更严格碳减排目标和政策的必要性和迫切性。

（2）碳中和情景　由于采取了较为严格的碳减排政策措施，不管是在哪种行动方案下，未来碳排放均将呈现出快速的下降趋势，并且这一下降趋势在2030年之后表现得尤为突出。

第一，该情景下两个行动方案的碳排放空间峰值年份均在2025年左右出现。早行动方案在达峰后，碳排放量随即呈现逐渐下降趋势，且下降的趋势逐渐加快。然而在晚行动方案中，在碳排放峰值年后会经历一段平台期，排放量均维持在100亿吨左右，大约在2030年后碳排放量开始呈现逐年递减趋势，直至2060年实现中国净零排放的目标。

第二，在2030～2055年间，晚行动方案下的碳排放路径均高于早行动方案路径。这也进一步表明了早行动方案的减排力度大于晚行动方案，由此也产生了较好的减排效果。随着减排政策的逐步推进，减排效果的逐渐显现，晚行动方案下的减排力度也将逐渐向早行动方案靠近，从而更好地完成本世纪中叶碳中和目标。因此，预计在2055年之后，两类行动方案下的碳减排路径将趋于一致，并最终实现2060年碳中和的目标。

第三，在碳中和情景的两类行动方案中，2020年的碳排放量观测值在98.8亿吨左右，2060年碳排放总量约为30亿吨，相比碳排放峰值年下降约为70%。针对剩余的二氧化碳排放，再通过利用CCS、BECCS和DACCS等碳捕获与封存技术，最终实现二氧化碳净零排放。

第四，考虑到非二氧化碳温室气体的排放，同时假设到2060年，通过努力可使森林碳汇总量抵消非二氧化碳温室气体排放（约10亿吨），即能源系统自身实现碳中和或可实现整个经济体的碳中和。

综上，为实现碳中和目标，中国仍需要进一步加大全经济尺度温室气体的减排力度，加快减排技术创新升级进程，从而为中国中长期深度脱碳，实现2060碳中和目标提供充足的行动空间。当然，相对于中国现阶段的二氧化碳排放及低碳发展状况，碳中和情景下的政策实施将需要付出艰苦卓绝的努力，以及更大规模和更大成本的代价。此外，仍需要制定并坚决地实施国家中长期低碳发展目标和战略，进行超前部署和规划。

图 5-9　不同情景下中国 2020～2060 年碳排放空间

（3）碳捕获与封存　下面进一步考虑碳排放和碳捕获与封存量之间的关系，如图5-10所示。如果不具体模拟碳捕获与封存，就2060年而言，能源系统的碳排放总量约为30亿吨。此外，生物质发电如果本身是碳中和的而不采用BECCS技术，因为生物质燃烧所排放的碳与生物质生长所捕获的碳相互抵消，那么BECCS技术本身是负排放技术。假设被BECCS所捕获的碳排放量是与生物质发电等量煤电的碳排放量。与此同时，假定CCS和BECCS的成本约为每吨400元。在不考虑DACCS的碳中和情况下，2060年约有10亿吨的二氧化碳净排放。即由经济活动中产生的总的二氧化碳排放量扣除CCS和BECCS捕获、封存量之后的剩余排放量。最后，利用DACCS技术捕获所有剩余的能源系统产生的二氧化碳。由于DACCS技术可直接从空气中捕获二氧化碳，理论上不存在捕获量上限。具体而言，在早行动方案下，化工、水泥、钢铁、火电CCS所捕获的二氧化碳排放量在2050年达到峰值（捕获25亿吨二氧化碳）。随着渗透率的增速变缓，捕获空间持续下降，捕获量也开始下降。CCS、BECCS、DACCS三项总捕获量在2060年达到峰值（捕获31亿吨二氧化碳）。2055年后，DACCS的规模应用加速了碳捕获与封存。图5-10（b）展示了碳中和情景下-早行动方案中2060年不同碳捕获与封存技术的减排贡献。其中传统CCS捕获16.1亿吨二氧化碳（贡献51%）、BECCS捕获5.3亿吨二氧化碳（贡献17%）、DACCS捕获10亿吨二氧化碳（贡献32%）。

图 5-10 碳中和－早行动情景下碳捕获与封存技术与减排贡献

同样地，在碳中和-晚行动方案中，化工、水泥、钢铁、火电CCS所捕获的二氧化碳排放量在2050年前后达到峰值，捕获约23亿吨二氧化碳。随着装机增速的下降，渗透率的增速变缓，所捕获的二氧化碳总量也开始下降。最终，CCS、BECCS、DACCS三项技术的碳捕获总量在2060年达到峰值（约捕获32亿吨二氧化碳）。类似地，假定在2055年后，DACCS的规模应用加速了碳捕获与封存。图5-11（b）具体展示了碳中和情景-晚行动方案下2060年不同碳捕获与封存技术的减排贡献。可以看到，传统技术CCS捕获16.5亿吨左右的二氧化碳（贡献52%）、BECCS捕获5.5亿吨二氧化碳左右（贡献17%）、DACCS仍将捕获约10亿吨二氧化碳（贡献31%）。

图5-11 碳中和-晚行动情景下碳捕获与封存技术与减排贡献

（4）基准情景下碳排放空间优化配置路径 依照上述碳排放空间动态最优配置模型，并根据前文计算求得的未来时期内中国不同情景下碳排放空间的范围，进一步将未来一段时期内中国可能获得的碳排放空间进行优化配置，使其在社会福利最大化的前提下，实现每一年份合理的分配量。此外，为了更好地识别未来中国的碳减排路径，制定合理的碳减排措施，将以上研究结果与其他研究机构的结果进行对比，进而对不同情景下的减排路径进行综合比较分析。

图5-12描述了基准情景下2020～2050年碳排放的最优路径。具体而言，在基准情景下，2020～2050年中国碳排放路径呈现先增加后逐渐减少的趋势。从2020～2030年，碳排放量将以每年0.9%的速度增长。具体而言，基准情景下的碳排放将在2030年左右达到峰值，约为118亿吨。这也表明即使没有任何额外的排放限制，中国的碳排放也可能在2030年达到峰值。此后，2030～2050年碳排放量呈下降趋势，与峰值相比，2050年的排放量减少约26%。需要强调的是，在该情景下，碳排放总量相当大，且后期的碳减排率相对较低，与基准情景下的预期目标尚且存在较大差距。

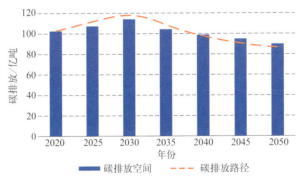

图5-12 基准情景下中国2020～2050年碳排放空间优化配置路径

（5）碳中和情景下碳排放空间优化配置路径　在不同情景中，碳中和情景对碳排放总量的约束最为严格。鉴于碳中和情景中的晚行动方案最符合我国当前及未来的发展趋势，由此以碳中和情景中的晚行动方案为例进行碳排放路径优化分析。

具体而言，2020～2050年累计总碳排放将达到1840亿吨，由于采取更加严格的碳减排政策和措施，未来的排放量将呈现快速下降的趋势。在此情景下，碳排放峰值出现在2020年左右，如图5-13所示。并在此基础上逐年减少，到2050年实现中国深度碳减排的目标。在此情景下，2050年中国碳排放总量约为15亿吨,比2020年的峰值年减少86%。毫无疑问,与中国目前的碳排放状况和低碳发展步伐相比,这种情景下政策的实施将需要付出巨大的努力,同时也需要付出更大的成本。

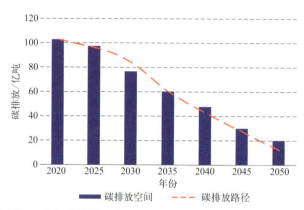

图 5-13　碳中和－晚行动情景下中国 2020～2050 年碳排放空间优化配置路径

(6)两种情景下不同模型的结果比较分析　本节提出了一个多模型比较框架,该框架集成了 AIM、IMAGE、IPAC、WITCH、POLES、GCAM-TU、REMIND、GCAM 和 CE3METL 等国内外主流模型,并将这些模型在基准情景和碳中和情景下的结果进行比较分析。如图 5-14 所示,在当前政策情景下,2050 年的碳排放总量范围为 95 亿～198 亿吨,而碳中和情景下的碳排放总量范围为 −19 亿～30 亿吨。除 WITCH 模型外,其他模型结果均认为基准情景下中国存在碳排放峰值,但峰值(109 亿～175 亿吨)和时间(2030～2040 年)具有高度不确定性。对于本节提出的碳排放优化模型(DOM),在规划期间,与其他模型相比,测算的碳排放量相对较小。究其原因,在其他模型中通常只考虑技术层面的成本优化问题,大多都聚焦在成本最小的前提下对碳排放路径进行优化。实际上,温升阈值约束下的碳减排不仅涉及相关技术的进步,还带动了经济和产业结构的一系列重大改革。这一系列的结构性改革必然会导致人口、就业和消费的变化,进而对整个社会福利产生巨大影响。为此,本节提出的模型既考虑了整体社会福利优化,又考虑了社会经济系统和环境的整体效应,更真实地反映了碳减排过程的综合效益。可以看出,不同模型下的碳排放路径明显不同。总体而言,利用 DOM 模型所得到的碳排放量低于其他模型的值。这意味着在当前政策情景下,为了整体社会福利最大化,不允许过度碳排放。在碳中和情景下,尽管各模型的碳排放路径都有一定程度的收敛,但一个高度一致的发现是,碳排放量从2025年开始急剧下降。其中,大多数模型将在2050年左右实现接近零甚至负排放,这与全球范围分析的结果一致。在碳中和情景下,尽管本节所提出的模型所确定的碳排放路径与其他模型相似,但DOM模型在社会福利最大化的前提下,碳排放路径的演化相对平稳,避免了因突然、急剧减排而带来的沉重减排负担。

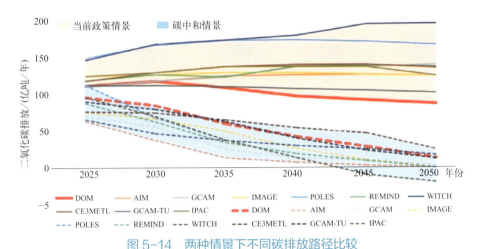

图 5-14 两种情景下不同碳排放路径比较

注:DOM—动态优化模型;AIM—亚太综合模型;GCAM—全球气候变化评估模型;IMAGE—全球环境综合评估模型;POLES—长期能源系统展望模型;REMIND—区域投资与发展模型;WITCH—世界诱导技术变革混合模型;CE3METL—内生技术变化的中国能源经济-环境模型;GCAM-TU—全球气候变化评估-清华大学模型;IPAC—中国综合政策评估模型

5.3 碳排放空间约束下的中国能源转型

5.3.1 新型电力系统的构建

从本质上讲,推动碳达峰、碳中和目标的实现,对于经济社会而言无疑是一场广泛而深刻的系统性变革。实现2030年之前碳达峰、2060年之前碳中和的气候目标是党中央经过深思熟虑的结果。碳达峰、碳中和目标的实现不仅是我国经济社会实现可持续、高质量发展的内在要求，也是推动构建人类命运共同体的必然选择，事关中华民族的永续发展。因此，要切实把实现碳达峰、碳中和目标纳入生态文明建设整体布局中，拿出抓铁有痕的劲头，致力于推动经济社会可持续发展，构建人类命运共同体。

随着时代的进步和发展，对能源低碳化提出了新的要求。随着能源消费低碳化进程的不断推进，电力作为能源体系中的重要组成部分，电力系统的发展同样也面临着巨大挑战。由此，党中央明确提出"深化电力体制改革，构建以新能源为主体的新型电力系统"。这一重大决策部署既是"四个革命、一个合作"能源安全新战略的最新实践和发展，也是实现碳达峰、碳中和战略目标的必然选择（谢永胜，2021）。尤其是在当前"两个百年"交汇的重大时间节点上，深化电力体制改革，构建以新能源为主体的新型电力系统既为我国未来电力发展指明了方向，又必将在我国能源电力系统引发一场史无前例的战略性、全局性变革。此外，电力能源企业作为电力改革的中坚力量，也信心满怀地迈向高质量发展的进程，其必然在贯彻新发展理念、立足新发展阶段、构建新发展格局的新征程中发挥出更大的作用，展现出更大的担当。

（1）新型电力系统的内涵特征　　从本质上讲，新型电力系统是在现有电力系统的基础上实现全面转型升级的。相较于现有的电力系统而言，新型电力系统具有清洁高效、安全可控、开放互动和智能友好的鲜明特征（舒印彪等，2021）。从电力供给侧来看，新型电力系统要求扩大新能源占比，使其逐步演变为发电装机和电量主体。从需求侧来看，发用电一体的"产销者"将广泛存在于新型电力系统中。从输电层面来看，新型电力系统内多以大电网为主导的多种电网形态相融并存。从运行层面来看，新型电力系统的风险防御体系、运行控制技术也将实现全方位重构。通过利用技术优势，构建新型电力系统，是推动电力能源向高质量方向发展的重要途径，也是助力实现碳达峰、碳中和目标的迫切需要。

（2）电力生产消费呈现新特点　　自党的十八大以来，我国坚定贯彻落实习近平总书记提出的"四个革命、一个合作"能源安全新战略。在这一重大战略决策的科学指引下，能源革命进程不断推进，能源生产和消费结构不断优化，清洁低碳化能源消费进程不断加快。特别是在"十三五"期间，我国在经济运行总体平稳的基础上,又进一步取得新的历史性成就,国内生产总值增加到超过100万亿元,经济结构持续优化,经济发展质量明显提升。与此同时,在坚决贯彻落实党中央决策部署的前提下,电力行业绿色低碳化转型进程不断推进。在"十三五"期间,全社会电力消耗量年均增长5.7%,电力消费弹性系数约为0.99,电力发展为经济社会发展提供了有力支撑(王志轩,2021a)。

(3)电气化进程明显加快　电能替代推动电气化水平逐步提高。在"十三五"期间,我国电能替代规模累计超过8000亿千瓦·时。此外,随着电能替代规模的逐步扩大,电能占终端能源消费比重也明显增强。具体而言,其消费占比从2015年的21.2%提高至2019年的25%左右,累计提高近4个百分点,年均提高1个百分点,于2020年达到27%左右。各领域电气化率持续提升。在生产领域,"十三五"期间,工业领域电气化率达25.5%左右,相比2015年提高约3.1个百分点,年均提高约0.8个百分点。此外,建筑领域电气化率为16.5%左右,相比2015年提高约2.8个百分点。在生活层面上,居民生活电气化率达30.5%左右,相比2015年提高约5.1个百分点,年均提高约1.3个百分点(谭忠富等,2021)。

产业用电量结构调整。在"十三五"期间,三次产业和居民生活用电量的年均增速分别为6.3%、4.3%、10.0%和8.5%。与"十二五"期间相比,第一产业、城乡居民生活、第三产业分别提高约5.0个百分点、1.1个百分点、0.1个百分点,第二产业年均增速回落1.4个百分点。在第二产业中,制造业用电量年均增长约4.4%,其中化工、建材、黑色和有色金属冶炼等四大高耗能行业年均增速为3.4%,相比"十二五"时期回落约2.5个百分点。此外,与2015年相比,2020年第三产业和居民生活用电量占全社会用电量比重,分别提高约2.8个百分点和1.8个百分点,第二产业比重降低约4.6个百分点(陈国平等,2021)。通过"十二五""十三五"时期产业间用电量的变化趋势及程度可以发现,我国经济结构优化成果明显,经济发展结构呈现均衡化趋势。

新业态用电量表现出增长新活力。近年来,随着新一代信息网络技术与传统产业深度融合,新技术、新业态、新模式不断涌现,相关行业用电量呈现快速增长态势。例如,"十三五"以来,通信、计算机和其他电子设备制造业用电量年均增长约11.5%,航空航天器及设备制造业用电量年均增长约12.5%，信息传输软件和信息技术服务业用电量年均增长约21.6%，风能设备制造业用电量年均增长约50.2%，光伏设备制造业用电量年均增长约84.6%。新业态的发展带动了该产业电力需求的相应增加，由此也体现出新时期电力需求的多样化特征。

（4）电力低碳转型持续加快 随着环境问题的日益突出，相关环境保护政策的出台，绿色、低碳化发展已经成为社会的普遍共识。同样地，电力市场低碳转型的进程也取得了明显进步。从电源投资层面看，非化石能源投资比重不断上升。具体而言，化石能源发电比重有所下降，其中煤电投资规模逐年下降，全国重点发电企业煤电投资额从2015年的1061亿元，逐年下降至2020年的382亿元，煤电投资所占比重从27%下降至2020年的7.3%。与之相反，非化石能源投资比重持续上升，从70.5%上升至90.2%。其中，2020年非化石能源发电投资同比增长约77.1%，当年新增非化石能源装机1.4亿千瓦，创历史新高。

从发电装机层面看，煤电装机容量比重不断下降，至50%以下。数据显示，截至2020年底，全国全口径发电装机容量约为22亿千瓦，"十三五"期间年均增长约7.6%。其中，非化石能源装机年均增速达13.1%，占比从34.8%升至44.8%。此外，新能源装机占比从11.3%提高至24.3%，五年累计提高约13个百分点。2020年底，全国全口径煤电装机容量10.8亿千瓦，完成了2020年底煤电装机控制在11亿千瓦以内这一规划目标。"十三五"期间，煤电装机容量年均增长3.7%，占比从2015年的59%下降至2020年的49.1%，比重首次降至50%以下（李明节等，2019）。

从发电量层面看，非化石能源发电量呈现出快速增长趋势。在"十三五"期间，全国全口径发电量年均增长约5.8%。其中，非化石能源发电量年均增速达10.6%，高出同期煤电发电量增速约7.1个百分点。从发电量占比来看，非化石能源发电量占比从27.2%升至33.9%，提高了近6.7个百分点。就发电增量而言，在整个"十三五"期间，非化石能源发电量增量合计为1.01万亿千瓦·时，占同期全社会用电量增量的比重超过一半，达到56%。

从技术经济指标层面看，电力能效水平呈持续增长态势。随着新技术的出现和新工艺的应用，我国装备技术水平和运营管理水平不断提升，电力节能减排成效明显。截至2020年底，全国超低排放煤电机组累计达9.5亿千瓦。2020年全国供电标煤煤耗为305.5克/（千瓦·时），比2015年下降约3.1%；火电厂用电率为5.3%，比2015年降低0.8个百分点。就清洁能源消纳能力而言，弃风弃光弃水问题得到显著缓解。数据显示，2020年全国平均弃风率和弃光率分别降至3%和2%左右（陈国平等，2020a）。此外，弃水电量也明显减少，截至2020年底，全国累计建成投运"十四交十六直"30项特高压工程，在运线路总长度达4.1万千米，为水电和新能源基地电量大范围消纳提供了重要支撑。

5.3.2　构建新型电力系统面临的挑战

（1）电力供应不稳定　随着全球变暖趋势的加剧以及可再生能源开发规模的逐步扩大，可再生能源资源禀赋在长期的演化过程中也发生了显著变化。在此背景下，电源、电网的规划决策同样也面临着资源禀赋的不确定性，在其生产运行过程中也存在明显的路径依赖性。这些新的特征为传统资源禀赋评估与规划理论带来了重大挑战，也给保障电力供应充裕的基础理论带来了重大挑战。

此外，新能源发电发展迅猛，可控电源占比逐渐下降。与此同时新能源发电也出现了"大装机、小电量"的新特征，风能、太阳能小发时保障电力供应的难度加大。尤其在碳中和愿景下，随着减排压力的逐渐增加，火电占比将进一步下降，相反新能源装机规模将持续增加，而负荷仍将保持一定增长，实时电力供应与中长期电量供应保障困难更加突出，新能源小发时保障供应难度加大。

（2）供需平衡面临挑战　在电力系统中，随着新能源发电占比持续提高，也给电力生产供需双侧与系统调节资源带来了高度的不确定性。由此，电力系统平衡机制也发生了相应的改变，由"确定性发电跟踪不确定负荷"转变为"不确定发电与不确定负荷双向匹配"。然而，考虑到电力系统供需双侧运行特性对气候等外部条件存在较高的依赖性，那么针对传统电力系统建立的供需平衡理论亟需发展完善。

日内调节面临较大困难。从本质上讲，新能源出力存在较强的随机波动性，其离不开可控电源的深度调节能力加以抵消。然而，现有电力系统的调节能力已基本挖掘殆尽，仍需更大的调节能力以满足新能源消纳需求。在未来，新能源成为主力电源后，依靠占比不断下降的常规电源以及有限的负荷侧调节能力难以满足日内消纳需求。

远期季节性调节需求增大。由于新能源自身特性的限制，在新能源发电与用电二者之间存在明显的季节性不匹配现象。具体而言，夏、冬季用电高峰期的新能源出力低于平均水平，而春、秋季新能源大发时的用电水平处于全年低谷。然而就调节而言，当前的储能技术只能满足日内调节需求，随着新能源在未来的不断发展，季节性消纳矛盾将更加突出。

（3）传统安全问题依然长期存在　交流同步电网作为电力系统的主要形态，其在未来很长一段时间内仍将长期存在。在碳中和愿景下，随着常规能源被新能源不断替代，以维持交流电力系统安全稳定运行的根本要素也将被进一步削弱，从而影响交流电网的稳定运行。此外，高比例电力电子和高比例新能源的电力系统也面临着新的问题。具体而言，新能源机组存在普遍的脆弱性，面对频率、电压的波动容易脱网，故障演变过程更显复杂。此外，随着远距离输电规模的进一步扩大，二者相叠加，可能会导致大面积停电的风险增加。同步电源占比下降、电力电子设备支撑能力不足将会导致宽频振荡等新形态稳定问题，电力系统呈现多失稳模式耦合的复杂特性。在远期，更高比例的新能源甚至全电力电子系统将伴生全新的稳定问题。

（4）供电成本　从本质上讲，新能源平价上网并不等同于新能源平价利用。除新能源场站本体成本以外，系统调节运行成本、灵活性电源投资、大电网扩展与补强投资、接网及配网投资等系统成本均组成了新能源利用成本。相关研究结果表明，新能源电量渗透率超过10%～15%以后，系统成本将达到快速增长的临界点，未来新能源场站成本下降很难完全对冲消纳新能源所付出的系统成本上升。因此，随着新能源发电量渗透率的逐步提高，系统成本显著增加且疏导困难，必然影响全社会供电成本（陈国平等，2020b）。

5.3.3　构建新型电力系统路径

构建新型电力系统是一项复杂的系统工程，其涉及体制、政策、法规、技术及框架构建等各个方面。就能源使用效率而言，构建新型电力系统也是一项能效优化工程，其目的在于在保障能源供给与需求安全的前提下提高能源效率。在电源侧，旨在实现不同时空、不同类型的电源协同互补；在需求侧，努力实现各类终端能源的互补替代和联动优化。

结合我国自身国情，构建新型电力系统就是要构建符合中国发展需要的、具有中国特色的新型电力系统。其中，做好"顶层设计"是构建新型电力系统的首要目标。具体而言，顶层设计包含了构建中国特色的新型电力系统的基本定位、基本特色、基本机制、基本功能、基本动力、基本进程、基本保障等（王志轩，2021b）。

（1）新型电力系统的构建定位

第一，新型电力系统的构建是国家重大战略部署。新时期，实现碳达峰、碳中和的目标"是党中央经过深思熟虑做出的重大战略决策，事关中华民族永续发展和构建人类命运共同体"。能源是国家发展的核心动力，而电力又是能源的核心。因此，构建新型电力系统既是人类永续发展的需要，也是社会发展的必然趋势。对其开展深入研究，坚决贯彻执行构建新型电力系统对能源、环境、社会发展具有重大意义。

第二，构建新型电力系统是电力发展的必然趋势。就电力系统而言，更新换代和技术创新伴随着其发展的始终。当前，第三代电力系统的构建和完善正如火如荼（《中国电力百科全书》编辑委员会，2014）。从生态文明建设的需要、我国新阶段高质量发展的需要、人类可持续发展的需要、共建人类命运共同体的需要看，构建新型电力系统是历史必然。

第三，构建新型电力系统的最终目的是实现电能生产和消费过程中的净零碳排放。当前，电力系统尽管经历了多次的转型升级，但电能生产仍然是以化石能源为主体，电能消费同样是以中碳电能和高碳电能为主体。在供给侧，新型电力系统必将是以新能源为主体，非化石能源占主导地位，同时辅助以少量化、低碳化的化石能源作为安全稳定保障的系统；在消费侧，随着供给侧电力生产的清洁化、低碳化，新型电力系统中电力消费也将是低碳、零碳的电力能源。净零碳排放这一定位将是新型电力系统构建的核心。

第四，新能源在新型电力系统中占主体地位。其中，新能源的主体地位应分别体现在数量、功能和责任三个层面。然而，虽然新能源在电力系统中使用数量的占比大小固然重要，但不能单纯从新能源发电装机或者发电量的数量占比来判断其是否为主体能源。相反，需要在经济、能源安全目标的前提下，从电力系统整体功能实现上来判断新能源是否成为主体能源。

第五，能源安全目标下的系统经济性是构建新型电力系统的主要限制条件。新能源发电主体主要是指太阳能和风电，当然也并不排除在个别地区生物质能发电、地热能发电比太阳能、风能更具有开发利用价值。随着风电、光伏发电成本的显著下降，其在发电上网环节与化石能源的竞争也愈渐激烈。然而，接入电网节点时的新能源发电成本并不是终端用户电能成本。在电力系统中，当新能源作为主体能源时，需要从系统成本的角度判断其与化石能源相比是否具备竞争性。此外，即使在新能源发电不接入电网的情况下，用户仍需要电网提供安全用电保障时，起保障作用的电力系统成本也应计入。同时，针对新能源的正外部效益，即低碳和资源节约等对社会公共利益的好处，也应当在总成本中予以扣除。

（2）新型电力系统的特色

第一，新型电力系统的构建需要以现代电力系统为基石。经历了几十年的艰苦努力，中国作为后发国家也已建成了世界上规模最大、技术水平总体先进部分领先的现代电力系统。新型电力系统的构建应该是建立在现代电力系统基础上的，凭借现代电力系统已有的成绩，在其基础上逐步实现更新换代，而不是"先立后破"。

第二，在全局统筹的视角下构建中国新型电力系统。中国作为一个拥有14亿人口的大国，其更是一个抱着构建人类命运共同体理念的负责任大国。同时，中国土地广袤、地域跨度大，在一定程度上造成能源资源分布不平衡、自然环境差别大的现状。同样地，新能源发电也具有明显时空分布不均的特点，大范围优化配置与就地平衡配置并举是构建新型电力系统的必要措施。因此，构建中国特色的新型电力系统必须坚持系统性、全局性思维，在全国一盘棋框架内构建新型电力系统。

第三，碳中和愿景下的中国新型电力系统构建。当前，随着全球温室效应的不断加剧，减少二氧化碳排放、实现碳中和目标已经成为国际社会的普遍共识。发达国家工业化起步较早，由于缺少碳减排约束，其能源电力转型基本上是自然化进程。相反，在碳减排压力下，中国要用相较于发达国家不到一半的时间来完成由高碳电力系统过渡到近零碳电力系统，必将是一个需要付出艰苦卓绝努力的过程。此外，中国作为电力生产和消费大国，集合电力转型基本规律，其电力系统转型也必然是快速渐进与合理超越相结合的进程。这就需要我们充分汲取全人类能源转型经验，但坚决不能照搬任何一个国家的完整性经验。我国所提出的电力系统转型必将是一个基于我国国情的、满足发展需要的伟大创新。

第四，在绿色发展理念和能源安全新战略的框架下构建中国新型电力系统。实际上，近年来随着我国经济社会的逐步发展，构建新型电力系统已经具备了一定的坚实基础。一方面，长期以来的电力能源短缺问题已得到基本解决，已初步实现了整体电力能源供需平衡的发展局面。另一方面，党的十八大以来，在习近平绿色发展、生态文明建设思想和能源安全新战略指引下，各级政府纷纷响应国家号召，积极出台、完善各类法规、政策、标准以加快新能源发展和强化能源安全。其中，分布式能源、电力系统智能化建设、特高压技术和工程等领域发展迅猛，以光伏、风电为代表的新能源发电成就巨大，新型物理储能等技术、工程进展迅速，煤电机组灵活性改造在促进新源消纳能力建设中也发挥了巨大作用。同时，随着相关标准、规制的出台实施，如《电力系统安全稳定导则》《电力系统技术导则》，大大促进了新能源建设步伐，也为解决新能源发展过程中电力系统安全稳定运行提供了新的技术遵循。

（3）新型电力系统的运行机制　　新型电力系统是一个复杂的系统网络，其中主要包含电源、电网、储能、战略备用等几个基本要素。相较于传统电力系统而言，新型电力系统中增加了储能和战略备用两个要素，而且其他原有的相关要素也发生了质的变化。总体而言，在新型电力系统运行中，其基本机制可以简要概括为以下三个方面，即多元化电源支撑机制、大电网与分布式微网并举的供需耦合机制、新电力安全风险防范机制。

① 构建以新能源为主体的多元电源支撑体系。新型电力系统的构建与运行离不开新能源的支撑。大力、有序发展新能源，是构建新型电力系统的核心。此外，电力系统本身就是一个严格按照物理规律运行的复杂网络系统，其无序发展不仅会给电力系统安全运行带来严重风险，而且会对新能源的健康发展造成严重影响。因此，在新型电力系统构建过程中，不论是在指导思想、战略布局还是在工程措施方面都要始终坚持以围绕新能源发展主体的建设工作。

② 坚持以大电网与分布式微网并举,智能化与市场化支撑的供需耦合机制。近年来随着新能源的逐步发展,在电力系统中以新能源发电占比也明显提升,相应的电力系统中各部门、各要素之间也产生了一定程度的变化。当然,电力系统中的这些新变化也带来了新问题,促使持续强化应对措施,以解决问题为导向的电力系统逐步显现。例如,电能的生产、运输、消费方式均发生了重大变化,相应的新型电力系统的运行机制与传统"源随荷动"的电力系统相比也发生重大变化,实现了电力系统运行控制中的渐变性规律向非线性、非典型规律变化。此外,在大力发展新能源的初期,主要通过市场调节手段使电力需求方自愿响应电力系统安全稳定运行要求调节或转移负荷,以提高新能源电能利用率。但是,随着新能源渗透率不断提高,电力系统的复杂性越发显著,供需双方不断融合,需求响应机制也发生重大变化,形成了以高度市场化、高度智能化为支撑的源网荷储备一体化管理的机制,也可称为供需耦合机制。

③ 强化构建新风险防范机制。为了防范电力安全风险,在传统的电力系统中,相关规定中有明确的电源备用要求,但这些备用电源基本是指检修备用、事故备用、负荷备用。在新型电力系统的发展过程中,这些备用电源将依然存在,其备用总量将根据系统可靠分析予以确定。其中,具体要求还应根据系统变化进行适时调整,使之能够满足日益变化的日常电力系统运行要求。

此外,在新型电力系统构建中,要对风险防范进行分级分类,以确定新型电力系统的责任边界、技术边界、成本边界。一是要对电力用户进行电力风险防范的分类分级,依据分类分级结果提供相应等级的电力风险防范。二是要确定不同主体的电力风险防范责任。大电网是解决全局性、重大性、支撑性和节点性电力安全的坚强保障。必须要加强大电网建设,进一步优化电网大范围能源资源配置的能力。对于局部、中等范围的电力安全责任,将更多地由地方政府、分布式微电网承担,将安全风险分级、分散到各个更小的单元。三是根据安全等级不同,确定风险防范措施以及相应的电能价格。实际上,新型电力系统是一个分散电力安全风险的集成系统,使不同等级的电力安全风险能够经济、有效、协调解决,使对国民经济和人民生活的影响减少到最低程度。

（4）新型电力系统的功能

① 满足国民经济和社会发展的需求。近年来，随着我国现代化建设进程的持续推进，以电能为主的能源需求特征逐渐成为社会经济发展的主要特征。当前，中国终端能源消费中电能消费占26%左右，相较于发达国家平均水平略高。电力能源凭借其清洁化、成本低、对外依存低的特点，已在我国国民经济和社会发展过程中起到重大的推动作用。在大力发展新能源背景下，提高电能在终端能源消费占比将进一步促进国民经济和社会的发展。

② 满足生态文明建设、绿色发展的新要求。在第三代电力系统建设中，我国煤电大气污染物控制已经达到世界领先水平。在绿色发展理念的指导下，中国煤炭使用量将逐步减少，从整体上看煤烟型污染物对环境造成的影响也将会越来越小，电力常规污染物控制已经不再是中国污染排放控制的主要任务。然而，从局部区域看，燃气轮机发电还将继续存续，且主要集中在城市。因此，其排放的氮氧化物对局部环境质量的影响还需密切关注和严格控制。此外，新能源发展是一个复杂的系统工程，其间涉及设备制造、新材料生产、设施建设等环节，可能会进一步产生新的生态环境问题。同时，与新能源发展相配套的化学电池生产、运行、服役期满后的污染物处置问题也逐步加重。这些都需要在新能源发展中同步做好生态环境管理。

③ 满足合理的电力安全需求。随着电力能源在公共事业、工业生产中逐渐渗透，电力能源短缺对经济社会的影响也显著增加。当电力能源成为主流终端能源时，电力能源也将随之渗透到社会、经济、文化等各个领域，全面影响人类的衣食住行及工作、信息沟通、文化习惯等方面。鉴于电力能源日益广泛的渗透力，其重大的安全风险也将会对国家运行、人民生活带来严重后果。因此，随着电力能源的发展，电力安全的要求也相应逐渐严格。鉴于新能源具有不稳定性、随机性和间歇性的特点，也给电力能源安全运行带来一定风险。所以，构建新型电力系统需要同步深化新型风险研究和防范，重构电力安全理论和防范风险体系。

（5）构建新型电力系统的动力　构建新型电力系统的基本动力在于创新。从本质上讲，新能源之所以"新"，不在于其能源本身，而在于其技术应用。同时，构建新型电力系统在于对传统电力系统电源、电网、用电、储能等一系列要素的创新，不仅仅停留在形态之新的层面上，更多的是技术和管理的创新。然而，构建新型电力系统所需的技术创新面临着全新的挑战。首要挑战就在于如何在新型电力系统中运用现有技术解决当前的实际问题。其二，技术的创新离不开根本理论的创新，新型电力系统的构建离不开基础理论体系的创新，只有实现了基础理论的创新，才能更好指导技术的进步。然而，在碳中和愿景下，当前的电力系统中广泛应用的技术已经不能满足时代的需求。技术创新已经成为新型电力系统构建过程中的迫切需要，尤其是呼唤颠覆性技术的出世。

充分发挥电力系统的调节能力。新型电力系统是一个全面、综合的电力系统，多类型电源的协调互补是新型电力系统的优势。在构建新型电力系统中，要大力促进煤电灵活性升级，使其逐渐由主力型电源转向为调节型电源，从而释放其大规模的存量调节能力。此外，新型电力系统中除了煤电以外，同时也包含水电、风电等清洁电源。提高抽水蓄能电站的发展水平，能够更好促进电力系统的综合调节能力，以及消纳新能源的能力。多能互补是新型电力系统的核心。在新型电力系统的构建过程中，应积极推动"新能源+调节性电源"的发展模式。同时，灵活选取风、光、储或一体化互补开发模式，着力应对新能源出力的波动性，从而进一步提高电力系统中电源侧出力的稳定性和可靠性。鉴于煤电持续、稳定的良好特性，应当充分发挥其在电力系统的托底保供作用。同时，还应兼顾环境要求，进一步用好存量、严控增量，积极推动现役煤电机组改造升级，注重提高煤电机组的能源利用效率、减少碳排放。

新型电力系统的有序运行需要有效建立市场机制。电力系统与全国碳市场的协调互动不仅是电力系统发展的内在动力，也能够有效促进社会、经济、环境的健康发展。大力健全电力市场运行、监管机制，进一步提升管理能力。同时，积极探究碳排放权交易市场、用能权交易市场及电力市场等多市场耦合发展管理模式，充分发挥市场机制在资源优化配置中的决定性作用。促进电力市场、碳排放权交易市场的协同发展，实现两个市场制度、产品、参与主体的深度融合，从而形成低碳绿色"产品"在各环节的市场竞争优势，在实现节能减排的同时也避免了高昂的经济成本。

（6）新型电力系统构建的基本进程

① 大力提升能效水平，推进能源转型。积极推动能源消费革命，贯彻

落实节能优先方针。当前，我国单位GDP能耗相比其他国家而言仍处于高位，约为世界平均水平的1.3倍。为实现我国经济、环境的协调健康发展，节约能源，提高能效是必然选择。能效的提升离不开技术的进步，要积极推广先进用能技术和智能控制技术，尤其是特别关注重点行业的能效提升成效，如建筑、交通、钢铁、化工。同时兼顾各行业的能效提升，积极推进先进技术的普及工作，淘汰落后产能。研究、开发能源利用新模式，推进能源梯级利用、循环利用和能源资源综合利用，降低全社会用能成本。

② 大力推动能源转型，积极实施电能替代。在新的减排压力下，电力能源将逐步成为能源消费的主要品种，推动以电代煤、以电代油、以电代气成为主流趋势。实施电能替代，推动能源转型最根本、最有效的途径在于各行各业的贯彻落实。在工业部门，深入实施电气化升级，深挖工业窑炉、锅炉替代潜力。在交通部门，积极推动电气化，大力推动电动汽车、公路和铁路电气化的发展。在建筑领域，积极促进绿色建筑发展，加强用能领域标准建设，预计到2025年、2030年、2035年，全国电能占终端能源消费比重将分别达到31%、35%、39%。

③ 提供多元互动协调的综合能源服务。多元化的综合能源服务离不开智能高效的电力服务平台。加快推进互动协同、开放共享的现代化电力服务平台建设，以满足多元化主体、多元化分布式发电及用电设施接入的需求。同时，深度挖掘需求侧响应潜力，鼓励引导大用户参与实施需求响应。积极开展综合能源服务，提高负荷的可调节性。

④ 建设高弹性、智能化电力系统。打造多元融合的高弹性综合电网。随着经济、技术的进一步发展，电力系统中新能源、电力电子设备需求的所占份额逐步扩大，为适应满足新的发展需求，要积极推进电力系统中各环节全面数字化、智能化建设。积极应对系统风险，优化系统决策机制，建立全网协同、数字驱动、智能决策的新一代调控体系。同时，加强源网荷储多向互动、多能互联，推进多种能源形式之间的优化协调，提高电力设施利用效率，提升整体弹性。打造智能化电网，加强电力系统内部预测预警体系建设，进而保障在极端事件下电力系统的稳定运行。

⑤ 进一步强化煤电机组灵活性改造工程。新型电力系统的构建将逐步实现煤电部门由主体电源向调节电源的转变。因此，在这一过程中，要大力

开展煤电机组灵活性改造工程，进而提升电力系统整体层面的调节能力。要制定科学有效的政策行动方案，加强规划引导，有序安排改造项目，对于30万千瓦、60万千瓦亚临界机组，应优先实施灵活性改造。与此同时，也要注重完善辅助服务及补偿机制，以保障煤电机组的合理收益，实现经济、环境的协调发展。

⑥ 积极推动储能体系建设。储能体系作为电力系统的重要组成部分，其在电力系统运行中发挥着托底作用。就抽水蓄能建设而言，要根据项目自身的特点有针对性地采取不同的规划措施。既要推进单机容量30万千瓦以上、电站容量百万千瓦以上的抽水蓄能项目建设，又要因地制宜，建设中、小型抽水蓄能项目，对具备条件的水电站进行抽水蓄能改造。此外，随着电动汽车的进一步发展，完善电动汽车参与系统调节的激励机制，不断提升电动汽车与电力系统互动水平是必要之举。同时，还应注重鼓励各类电化学储能、物理储能的开发应用。

（7）构建新型电力系统的保障　构建新型电力系统离不开电力体制的深化改革。改革电力体制是根本，没有深刻的电力体制改革，新型电力系统的构建就无从谈起。电力体制改革的总体思路就是要注重、挖掘电能的商品属性，以商品属性为主导，同时也要注重做好电能商品属性和公共品属性的区别和划分。在发挥好市场配置资源决定性作用的同时，也应利用好政府的积极作用。在碳中和愿景下，中国的低碳发展路径必然是需要付出艰苦卓绝的努力，在这一进程中，如果没有充分发挥好政府的积极作用，政策迟滞或是政策冒进都将会影响转型的进程和质量。因此，这就要求要充分发挥好政府的作用，既要保障政策制定方向和制定原则的稳定性，又要保障政策内容和出台时机的灵活性和即时性。这样，既能发挥好政策在促进新型电力系统发展中的推动作用，又可以发挥出其应对不良事件的阻尼作用。

5.3.4　多元化与低碳化的能源转型路径

随着全球温室效应逐渐加剧，应对气候变化行动在世界范围内已达成广泛共识并加速行动，目前全球已有近三分之二的国家提出各自明确的碳中和目标，低碳转型发展已经成为国际潮流和趋势。中国作为一个负责任的大国，基于推动构建人类命运共同体的责任担当和实现可持续发展的内在要求，2020年9月，习近平主席在第七十五届联合国大会一般性辩论上郑重宣布："中国二氧化碳排放力争于2030年前达到峰值，努力争取2060年前实现碳中和。"2020年12月，习近平主席再次发表重要讲话，"到2030年中国单位国内生产总值二氧化碳排放将比2005年下降65%以上，非化石能源占一次能源消费比重将达到25%左右"。这些目标是我国对全人类所做出的郑重承诺，其不仅为我国实现高质量发展指明了方向，也彰显出我国在应对气候变化与构建人类命运共同体时的大国担当。

（1）我国实现能源转型面临的挑战 从全球层面而言，能源结构转型主要经历了三个阶段，先是从以煤炭为主到以油气为主的转型，目前正在经历向非化石能源为主的又一次转型。在这一系列转型过程中，能源结构经历了由高碳到低碳的转变，进一步地在向零碳方向转型。在此期间，大多数发达国家已经完成从煤炭到油气、从高碳到低碳的转型。然而，在2020年，我国煤炭消费占比仍然高达56.7%，距离低碳化目标尚且存在较大差距（王震等，2021）。在碳达峰、碳中和的愿景下，沉重的减排压力要求我国能源结构跨过以油气为主的阶段，直接向非化石能源为主的能源结构转型，由此将会给我们带来巨大挑战。

第一，从碳达峰到碳中和时间短、任务重。从全球趋势看，欧盟、美国等主要发达经济体早已完成了工业化。其中，得益于工业化的快速发展，德国等部分欧盟国家早在20世纪90年代就已经实现了碳达峰目标，美国也于2007年左右实现碳达峰目标。当前，随着环境问题的日益突出，这些发达国家大多也相应提出在2050年左右实现碳中和的目标。然而，中国作为全球最大的发展中国家，仍然处在工业化进程中，虽然经济发展速度相对较快，但展现出严重高碳化的能源消费结构，碳排放尚未达到峰值。此外，就人均GDP而言，欧美等发达国家（或地区）在实现碳达峰目标时的人均GDP在2.5万～4万美元。相比而言，2020年我国人均GDP为1.05万美元，若在2030年实现碳达峰，人均GDP预计将在2万美元左右（李世峰等，2021）。与欧美等发达国家（或地区）相比，我国碳达峰时人均GDP仍将低于发达国家碳达峰时的人均GDP水平。当前，在碳达峰、碳中和压力下，要求我国在10年之内实现碳达峰，在30年内完成发达国家40～60年才能实现的碳中和目标，时间紧、任务重、难度大。

第二，能源结构不合理。当前，随着我国新型工业化和城镇化进程的快速推进，我国经济增长速度放缓，已经进入新常态阶段。就要素禀赋而言，煤炭资源在我国储量丰富，长期以来我国的能源消费结构都是以煤炭资源为主。然而，以煤炭为主导的能源消费结构带来了过量的二氧化碳排放。因此，改变和调整以煤炭为主导的能源消费结构，已经成为国家可持续发展的必然选择。转变以煤炭为主的能源消费结构，既需要对以煤炭利用为主的传统工业进行转型，也需要依托清洁能源布局新的产业体系。相应地，这也将进一步使我们同时面临能源结构调整、产业结构优化升级以及降低能源使用成本等多方面挑战。

第三，能源效率低。当前，我国已经成为世界上最大的能源消费和二氧化碳排放国。就能源效率而言，2020年我国单位GDP能耗约为3.4吨标准煤/万美元，单位GDP碳排放量约为6.7吨二氧化碳/万美元，均大幅高于全球平均水平，远高于发达国家水平（范英等，2021）。究其原因，可能在于我国产业发展水平落后且结构不合理。高耗能产业在我国产业结构中占据较大比重，其中钢铁、水泥等产量占全球总产量的一半以上，加之部分行业落后低效产能数量较多、能源消费技术水平较低。基于此，2020年9月国家发改委印发《完善能源消费强度和总量双控制度方案》，该方案进一步指出了我国2025年、2030年和2035年能耗双控的目标和实施路径。但就能源效率而言，若要降低我国能源效率至全球平均乃至发达国家的水平，仍然面临着很大的挑战。

第四，碳交易体系发展滞后。自2005年《京都议定书》发布以来，美国、欧盟等发达国家或地区纷纷成立了碳排放权交易市场，全球碳排放权交易市场迅速发展。目前，全球共有20多个碳排放权交易平台，其中英国伦敦和美国芝加哥已经成为全球碳交易的两大中心。中国作为全球最大的发展中国家，相较于世界其他发达国家而言，其碳排放权交易市场建设起步较晚。2016年国家发改委发布《关于切实做好全国碳排放权交易市场启动重点工作的通知》，推动我国现有的七个碳交易试点省（市）（北京、天津、上海、湖北、重庆、深圳、广东）与全国碳市场连接，实施碳排放权交易制度。直至2021年，生态环境部发布《碳排放权交易管理办法（试行）》，对全国碳排放权交易及相关活动进行了规范，全国碳排放权交易市场正式启动。但就总体而言，我国碳排放权交易工作与其他发达国家相比明显滞后。

第五，能源安全保障难度大。能源作为一个国家发展的重要保障，能源安全事关发展安全、国家安全。就传统的能源安全问题而言，我国石油、天然气资源相对匮乏，对外依存度较高。相应地，石油、天然气等主要能源资源的定价权被牢牢掌握在西方发达国家手中，WTI（西得州中间基原油）和布伦特仍处于主导地位。我国在能源价格上处于从属地位，缺少话语权。就能源运输通道而言，虽然近年来我国也在积极布局能源输送管道的建设，也已经形成了海上通道和东北中俄管道、西北中亚管道、西南中缅管道等四大油气能源通道，但海上通道有90%以上的运输由国外运输公司承担（李全生，2021）。我国缺少主导权，管道通道安全也存在不可忽视的政治风险。此外，从新能源发展的角度看，风电、光伏发电的出力受天气条件影响较大，供电存在较大的波动性。风电、光伏发电等新能源装机增速与用电增速不匹配。目前储能技术成本高，难以满足大规模、长周期的储能。同时，随着能源供应的数字化发展，网络安全也已影响到能源安全。

第六，能源科技创新能力弱。整体而言，我国的能源科技水平较低、创新能力较弱。基础研究相对较弱，碳捕获、燃料电池等能源领域的前沿科技研究有限，为实现跨越式发展的技术储备不足。此外，大多数企业自主研发能力不足，大多以技术引进为主，产学研连接不够紧密，创新投入效益不高。就核心技术、核心装备而言，仍存在"卡脖子"现象，核心装备、技术受制于人。例如，油气精细化开采、燃气轮机、部分核电配套件及材料、电网系统核心处理器等产品尚未实现全面自主化。

（2）中国能源转型的路径选择　　从本质上讲，能源转型并不是单一提高可再生能源比重的过程，而是具有更加丰富的深层次内涵的。首先能源转型更加注重强调能源系统的转型方向，即能源系统的低碳化、清洁化、高效化、可持续化，这种方向上的转型是全方面的，既体现在供给层面，又体现在需求层面。实际上，能源系统是一个复杂的综合性系统，其是由能源资源、能源资源开发、加工、转换部门、能源资源储存、运输载体和能源资源的消费部门共同组成。其次能源转型是能源供给侧结构和需求侧结构的系统性变革，是构建以低碳为根本特征的能源生产体系、开发运输体系、消费模式的过程，具有长期性、多维性和不可逆性等特征，对一国经济社会发展乃至全球地缘政治格局均将产生深刻影响。

就中国而言，考虑到资源禀赋及经济社会发展和清洁、高效、安全、可持续的能源转型目标，中国的能源转型注定需要跨越式的发展。考虑到碳减排的巨大压力，中国不再有充足的时间像世界上多数国家一样，依次完成从煤炭到石油，再到可再生能源的转换过程，而是要直接从煤炭迈向可再生能源时代，实现跨越式演进和迭代式发展。

第一，能源供给清洁化。在能源低碳化转型的过程中，其首要目标和重要前提是要保障能源的供给安全。要充分利用好化石能源稳定、可靠的特性，积极发挥其"补充与备用能源"的压舱石作用。同时，在能源供给侧，要大力发展太阳能、风能、生物质能、地热能及海洋能等非化石能源。因地制宜地开发水电，积极安全有序发展核电，加速升级能源基础设施。电气化是能源转型的主要发展趋势，大力推动风力发电和光伏发电发展，提升电力供应水平。进一步加快构建以新能源为主体的新型电力系统，推动清洁电力资源大范围优化配置，加快灵活调节电源建设。

第二，能源消费低碳化。在能源需求侧，积极引导清洁化、低碳化能源消费。在减排压力下，进一步控制高碳能源消费总量和强度，逐步实现以化石能源为主体的能源消费结构的转型升级，从而倒逼工业、建筑、交通运输等重点用能领域实施节约用能和提升用能效率。同时，加快产业结构的优化转型，坚决遏制高耗能、高污染项目的盲目开发。积极推动新能源产业的发展，有序引导天然气合理消费，特别是非常规天然气资源开发是未来重点发展领域。大力推动可再生能源消费，鼓励地方消纳可再生能源，进而改善能源消费结构。

第三，能源技术去碳化。不论是从供给侧还是需求侧而言，能源结构低碳化、清洁化转型需要依靠能源技术创新和进步的支撑。对此，各级政府及相关企业要积极建立健全完备的能源科技创新体系，强化能源领域基础性、前沿性应用技术的研究，同时要加快先进适用技术的研发和推广。建立健全能源科技创新机制和奖励体系，进而更好地推动应用型基础和前沿技术的推广使用。加快推动产学研用环节的有效衔接和深度融合，从而促进形成科学高效的技术创新体系及应用平台，带动学科建设和人才培养。能源技术的创业突破离不开重大项目的支撑,在促进创新机制框架下,相关部门要积极推动实施一系列具有前瞻性、战略性的国家重大能源技术科技攻关项目。此外,随着计算机技术的不断发展,云计算、物联网、人工智能等先进技术的不断涌现,能源结构的转型也应充分利用好日渐成熟的计算机技术,从而促进能源效率的提升,减少能源消费过程中产生的碳排放,助推传统能源行业的高质量发展。

第四,增强能源系统的"储、调"能力。新能源具有不稳定、随机波动的特点,受天气影响程度大。尤其是新能源发电过程中,随机性更为突出。因此,若要建设高比例的新能源体系,就必须要强化能源系统中的储存、调节能力,使其与新能源的发展进程保持一致。从本质上讲,存储、调节能力是能源系统的重要组成部分,其在一定程度上决定了中国非化石能源何时能够替代存量化石能源。为了增强能源系统的储存、调节能力,不仅要进一步增强煤电、气电、抽水蓄能等传统电力系统灵活性资源,还要加快物理储能、化学储能、先进储热(冷)、先进储氢等新型储能技术的发展(王利宁等,2021)。

第五,加快终端电气化应用。近年来,中国电代煤、电代油等电能替代发展迅猛。在"十三五"期间,全国电能替代规模达到约8000亿千瓦·时,新增用电需求中的比重超过40%,电能替代已成为推动中国用电量增加的重要推动力。相应地,随着电能替代步伐的加快,终端用能部门也对能源利用方式做出了大幅度调整,终端电气化的占比不断提高。其中,交通领域的电气化是当前能源低碳化路径的主要代表。自2016年以来,随着欧洲主要发达国家及主要汽车制造企业陆续出台各自的退出燃油车时间表,推动电动汽车产业发展已成为交通领域一场革命性的共识行动。在这样的背景下,中国也逐步建立起自己的电动汽车市场,并逐步成为全球最大的电动汽车市场。在道路交通建设方面,我国也实现了一定规模的油品替代,并加快从轻型汽油车向重型柴油车、内河航运船舶等领域扩大(高虎,2021)。尽管交通领域的电气化进程还大多局限在汽车、道路运输等领域,航空和远洋航运的电气化进程滞缓,但在学术界和业界已经逐步形成了成品油消费量最快将在"十四五"后期达到峰值的判断。此外,建筑行业作为能源消费的主力,在碳减排压力下,建筑行业的低碳化进程也相对走在前列。建筑行业在继续推广超低能耗建筑的同时,还要加快可再生能源供热及电热泵、电蓄热锅炉等技术应用,其中电气化是实现经济、便捷、低碳化取暖的核心方式。

第六,大力发展氢能。氢能作为主要的清洁能源,在过去的几十年间虽然经历了几次大的发展浪潮,但都没有产生持久的影响,一直处于平稳发展进程中。但是,随着近年来碳减排压力的不断增强,在2015年底达成的《巴黎协定》的推动下,全球氢能产业化进程明显加快。与此同时,由于技术的不断进步成熟,风力发电、光伏发电的成本也逐渐降低,使得可再生能源制氢产业化成为可能,零碳技术制氢前景更加清晰。由此,氢能也逐渐成为未来深度脱碳的重要支柱产业,同时也可能会成为未来国家间低碳技术产业竞争的焦点(李俊江等,2019)。但就目前氢能产业发展情况而言,仍以"灰氢"为主,"绿氢"较少,氢能产业链不健全、氢燃料汽车应用规模小、"绿氢"经济性差等诸多问题仍然没有得到很好的解决。但是,尽管在氢能产业发展现状并不理想的情况下,世界各国依然选择大力发展氢能产业,将氢能作为未来战略性产业发展。究其原因在于即便是终端用能层面实现了大比例的电气化水平,要最终实现碳中和的目标,仍存在30%~40%的用能缺口,电力能源无法满足需求,除使用可再生能源供热、制取液体和气体燃料外,还需要通过氢能满足来实现低碳化。此外,大力发展"绿氢"产业,将会带来高达数万亿千瓦时的新增非化石能源电力需求。

第七,做好碳捕获、封存和利用技术产业积累。在碳中和目标下,大约在21世纪中叶致力实现净零排放的目标,但就实现这一目标而言是非常困难的。预计在2050年,即使考虑农林业的碳汇,也难以抵消能源及工业领域数十亿吨二氧化碳排放,同时考虑到超过十亿吨的非二氧化碳气体的排放,必须依靠碳捕获、封存和利用技术来为最终实现碳中和目标兜底。碳捕获、封存和利用技术作为碳减排最直接的技术手段,可在难以减排领域发挥重大作用。就碳捕获、封存与利用技术而言,不论是对生物质发电厂进行碳捕获、封存和利用技术改造,还是从空气中直接捕获二氧化碳,这些都是减少碳排放的重要途径。总体而言,在大力发展节能减排技术的同时,碳捕获、封存和利用技术也将会是主要国家都会考虑的减少碳排放、实现碳中和的重要方式。未来,加快碳捕获、封存和利用技术创新及产业化,将是建设碳中和社会的重要准备。

第八，能源体制灵活化。能源体制灵活化能够为能源结构转型注入源源不断的活力。要充分发挥市场的主导作用，建立更加灵活的交易市场和价格体系，更好发挥市场对能源规模化发展的促进作用。进一步健全完善各类能源市场的运行管理机制，加强用能权交易、电力交易和碳排放权交易市场的协同互动，进一步促进各类市场的深度融合，引导能源消费主体节约用能，促进清洁低碳和可再生能源消费。同时配合以加快推进电力市场化改革，培育发展配售电环节独立市场主体，明确以消纳可再生能源为主的增量配电网、微电网和分布式电源市场主体地位，保障可再生能源发电消纳。此外，市场化价格机制将促进可再生能源规模化发展，包括完善差别化电价、分时电价和居民阶梯电价政策，提升电能利用效率，促进电力市场良性发展。

第九，全球化理念下能源合作开放化。环境问题是全球性问题，应对气候变化必须强化全球范围内的广泛合作。我国需要不断深化对外开放，加快建立绿色贸易体系，严格管理高能耗、高排放产品出口，积极扩大绿色低碳产品、节能环保服务品的进口，积极开展国家间清洁能源合作开发利用，积极推动新能源技术和产品走出去。同时，进一步加强能源领域国际交流合作。截至目前，中国已与90多个国家和地区建立了政府间能源合作机制，与30多个能源领域国际组织建立了合作关系，还与周边7个国家实现电力联网，这些举措都为进一步强化国际能源合作提供了广阔空间。在倡导绿色发展理念、构建人类命运共同体的历史时点上，要始终坚持推进绿色发展，倡导绿色低碳理念，积极推动风能、太阳能等可再生能源发展，积极开展能源对外开放和合作。

**Energy Transition
to
Address Climate Change**

应对气候变化背景下的能源转型

第6章

碳中和目标下中国碳价格预测与能源转型

6.1 全球主要碳市场碳价格走势
6.2 中国试点碳市场碳价格的分解及影响因素
6.3 碳中和目标下中国碳价格预测
6.4 碳价格约束下能源企业的挑战、机遇与应对措施本章在梳理世界主要国家和中国试点碳市场碳价格走势的基础上，分析了中国试点碳市场碳价格的影响因素，并进一步结合集成经验模态分解模型（EEMD）和中国能源动态一般均衡（CHINAGEM-E）模型分别预测了基准情景和"2060碳中和情景"下中国2021～2060年碳价格区间走势。

6.1 全球主要碳市场碳价格走势

本节梳理了全球主要碳市场包括欧盟全域碳市场、美国RGGI区域碳市场以及韩国全国碳市场的碳价格走势，在此基础上将全球主要碳市场碳价格走势与中国试点和全国碳市场价格走势进行了对比分析。

6.1.1 欧盟全域碳市场碳价格走势

欧盟碳市场（EU emissions trading scheme, EU ETS）作为欧洲气候政策的基石，建立于2005年，在30个国家运行（包括27个欧盟成员国，以及冰岛、挪威和列支敦士登）并在2020年和瑞士链接，纳入了约11000个固定排放设施以及上述国家内的航空公司，覆盖欧盟约45%的温室气体排放。英国脱欧之后，已经于2021年退出EU ETS，实施单独的碳交易机制。EU ETS是目前全球最活跃、最具影响力的碳市场。

2013年以来，欧盟委员会对EU ETS的改革使欧盟碳配额（EUA）价格逐渐稳定。2016～2017年，EUA价格在3.91～8.14欧元/吨波动；2018年，EUA价格稳步爬升，由年初的7.75欧元/吨上涨到年末最高24.16欧元/吨；2019年1月，EU ETS正式实行"市场稳定储备"机制作为控制配额盈余的方案，EUA价格全年稳定在18.7～29欧元/吨。2020年年初，EUA价格虽因新型冠状病毒感染流行等突发因素于3月下跌至15欧元/吨，但之后随着新冠流行好转反弹迅速。2020年11月底，EUA于30欧元/吨左右上下波动。在随后的2020年12月11日，欧盟各成员国就提高减排水平达成一致，提出了到2030年将温室气体排放量与1990年水平相比至少减排55%的目标，排放上限降低、配额减少使得EUA价格在2020年底开始连续上涨，并于2021

年2月突破40欧元/吨后继续上涨，于2021年5月突破了50欧元/吨，半年内涨幅接近100%（图6-1）。

图6-1　2013—2021年欧盟碳市场排放配额期货结算价格走势

数据来源：Wind数据库

2021年7月生效的《欧洲气候法》将欧盟对气候中和的承诺以及到2030年将温室气体净排放量与1990年的水平相比至少减少55%的中间目标写入了具有约束力的立法中。为了确保欧盟能够实现所设定的气候目标，欧委会于2021年7月14日公布了名为"Fit for 55"的一揽子气候计划。该计划提议扩大欧盟碳排放交易体系，减少配额总量。具体而言，EU ETS被计划扩展到航空、海运、公路运输和建筑物等领域，同时逐步移除航空领域的免费排放配额，并进一步降低EU ETS总体排放上限，提高其年减排率。到2030年，EU ETS的配额总量要比2005年减少61%，同时碳配额每年将线性减少4.2%（原定为2.2%）。在此背景下，欧盟碳价格一路走高，到2021年8月欧盟碳价格突破60欧元/吨。在随后的冬季，寒冷的冬天导致欧盟对电力和供暖的需求大幅增长，然而由于天然气供应危机，便宜但污染严重的煤炭使用量极大增加，导致碳价格继续上涨，于2021年11月底突破80欧元/吨，12月突破90欧元/吨，然后在90欧元/吨上下浮动。相较于2021年7月的50欧元/吨，欧盟碳价格在不到半年的时间内涨幅率达到了80%。

6.1.2 美国区域温室气体减排行动区域碳市场碳价格走势

2009年,美国区域温室气体减排行动(regional greenhouse gas emission reduction action, RGGI)正式实施,它是美国第一个强制性的、基于市场手段的减少温室气体排放的区域性行动。其旨在以最低成本减少CO_2排放量,同时鼓励发展清洁能源,主要覆盖美国东北部10个州。

RGGI初期由于配额过剩导致碳价低迷,直到2013年实施了配额总量设置的动态调整机制后碳价才开始上升。从近几年的趋势来看,2018年RGGI配额拍卖价格为4.87美元/吨,2019年上升到5.98美元/吨,涨幅达22.8%。2020年3月和6月,受到新冠流行的影响,RGGI碳配额成交价格分别为5.65美元/吨和5.75美元/吨,较2019年平均水平略有下降。但随着2020年7月弗吉尼亚州加入RGGI碳市场,在随后9月和12月的拍卖中,配额成交价格连续上涨,分别为6.82美元/吨和7.41美元/吨,同比上涨均在30%以上。2021年拜登就职总统后重新签署《巴黎协定》,RGGI配额拍卖价格在2021年整体持续走高,于2021年12月的拍卖中最终达到13美元/吨,相较于2020年12月增长超过75%,相较于2021年年初水平增长超过70%(图6-2)。

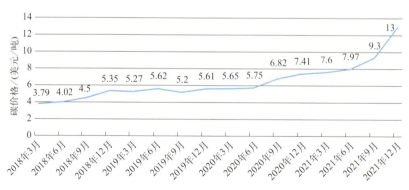

图6-2 2018～2021年美国RGGI碳市场碳价格走势

6.1.3 韩国全国碳市场碳价格走势

韩国于2015年1月正式启动了全国碳排放交易市场,成为亚洲首个全国性碳排放交易市场。韩国碳市场目前已经完成了第一阶段的履约,正处于第二阶段的交易中。作为东亚地区第一个启动国家碳市场交易的国家，韩国碳市场的发展经验对中国全国碳市场的设计有一定的借鉴作用。

韩国碳市场运行初期碳价格约为10美元/吨，后逐步上涨，到2018年涨至20美元/吨左右。2019年11月韩国通过收紧减排目标、扩大拍卖比例、允许个人投资者参与交易等政策措施，使得碳价格一路上涨，到2019年年底碳价格接近33美元/吨，同比涨幅高达65%。然而由于新冠疫情的影响，韩国碳价在2020年一路下跌，并且碳配额交易量显著减少，到2020年12月韩国碳市场碳价格已经跌至25美元/吨。进入2021年后，由于经济低迷以及配额的过剩发放，韩国碳市场碳价格延续了2020年年末的下跌趋势，至2021年6月韩国碳价已经跌至五年以来的最低水平（9.3美元/吨），相较于2019年年底下降超过70%。2021年6月后，随着整体经济形式的好转以及国际天然气价格的上涨，韩国碳市场碳价格开始稳步增长并逐渐恢复到2021年年初的水平，在29美元/吨左右浮动，半年内的涨幅超过200%。

6.1.4　中国试点碳市场和全国碳市场碳价格走势

6.1.4.1　中国试点碳市场碳价格走势

中国自2005年起就成为了世界第一大碳排放国，2019年中国的CO_2排放量近100亿吨，相当于美国与欧盟28国的总和，约占全球碳排放总量的28%。2020年12月中旬召开的中央经济工作会议中，做好碳达峰、碳中和工作被列入中国2021年八项重点任务之一，其中加快建设全国碳排放权交易市场被列为实现该重点任务的主要途径之一。

加快全国碳市场建设不仅是实现碳达峰目标的重要抓手之一，而且也是中国履行国际气候承诺、引领全球气候治理的主要政策手段。2011年10月底，中国启动"两省五市"的碳市场试点。截至2020年11月30日，全部试点碳市场中配额累计成交6.92亿吨，成交总额151.57亿元。其中，线上公开交易累计成交2.05亿吨，成交金额53.49亿元；大宗及协议转让累计成交1.98亿吨，成交金额25.25亿元；现货远期累计成交2.64亿吨，成交金额62.61亿元；公开拍卖累计成交0.24亿吨，成交金额10.23亿元。另

CCER（国家核证自愿减排量）成交2.35亿吨。覆盖行业20多个、企事业单位近3000家。

表6-1整理了8个试点碳市场自运行以来，各个市场的累积交易情况。从碳价格波动方面看，深圳试点碳市场的最高价为122.97元/吨，最低仅为3.30元/吨，价格差达119.67元/吨，其对数收益率标准差0.1896在8个试点中最大，说明其价格波动最剧烈。北京试点碳市场价格较高，在活跃交易的基础上，价格相对最为稳定。重庆试点碳市场交易日极少且交易价格很低，交易价格甚至出现了1.00元/吨的极端情况，其最高价与最低价之比达到44.86倍。在极不活跃的重庆试点碳市场中，碳交易未能发挥应有的减排激励作用，反而损失了前期市场建设成本。上海试点碳市场由于2013～2015年配额一次性分配过多，碳价格从2016年2月3日的11元/吨下跌至5月19日历史最低价4.21元/吨，仅2016年2月～6月期间价格对数收益率的标准差达0.05，可见这段时间价格波动非常剧烈。整体来看，中国碳市场目前尚处于发展初期，碳价格与试点碳市场基本面的关系较弱。

表6-1 试点碳市场交易情况

试点	深圳	上海	北京	广东	天津	湖北	重庆	福建
交易量/万吨	4430.37	1576.23	1369.13	13863.46	1104.74	6664.98	852.87	956.95
交易额/亿元	11.28	4.66	8.29	23.49	2.11	14.76	0.30	1.88
最高日均价/（元/吨）	122.97	49.93	102.96	77.00	50.11	54.64	44.86	42.28
最低日均价/（元/吨）	3.30	4.21	30.32	1.27	7.00	9.38	1.00	7.19
总均价/（元/吨）	25.46	29.55	60.52	16.94	19.08	22.14	3.50	19.68
最高价/最低价	37.26倍	11.86倍	3.40倍	60.63倍	7.16倍	5.83倍	44.86倍	5.88倍
对数收益率标准差	0.1896	0.0443	0.0473	0.1729	0.0314	0.0354	0.0690	0.0608

注：1. 数据来源于上海环境能源交易所、深圳排放权交易所、北京环境交易所、广东碳排放权交易所、天津排放权交易所、湖北碳排放权交易中心、重庆碳排放权交易中心、福建省公共资源交易中心。

2. 计算价格标准差时应用了线性插值法对原始价格数据进行处理。

2020年受新冠疫情的影响，除广东试点碳市场外，其余试点碳市场在2020年的配额成交量均呈现下降趋势。但由于试点碳市场碳价格普遍有所提高，因此2020年中国试点碳市场的成交总额反而呈现上涨趋势。尤其是在2020年下半年，随着中国国内新冠疫情形势的好转以及"2060年碳中和"目标的提出，多个试点碳市场的交易量都呈现迅速上涨的趋势。具体而言，2020年中国各试点碳市场的平均成交价格相较于2019年的22.30元/吨大幅升高，达到27.48元/吨，涨幅高达23%。根据中央财经大学绿色金融国际研究院《中国碳市场2020年报》（周杰俣等，2021）的统计，试点的八省（市）2020年全年的碳配额总成交量、总成交额以及成交均价如表6-2所示。从中可以看出，2020年所有试点累计成交碳配额约5740.37万吨，同比减少18.45%。但由于成交均价的提高，试点碳市场总成交额达到15.78亿元人民币，与2019年相比增加了0.50%。

表6-2 2020年中国试点碳市场配额成交情况

试点碳市场	成交总量/万吨	成交均价/（元/吨）	成交总额/万元
深圳	123.92	19.88	2463.87
上海	184.04	39.96	7354.2
北京	103.55	91.81	9506.58
广东	3211.24	25.52	81961.22
天津	574.43	25.88	14864.78
湖北	1427.81	27.7	39556.63
重庆	16.24	21.46	348.41
福建	99.14	17.34	1719.14
总计	5740.37	—	157774.83

注：资料来源于中央财经大学绿色金融国际研究院《中国碳市场2020年报》。

从各试点碳市场的均价来看，在试点的八省（市）中，仅上海试点碳市场和湖北试点碳市场的成交均价与2019年相比呈现下跌趋势，其余试点碳市场的成交均价普遍升高。其中，重庆试点碳市场平均碳价从2019年的6.93元/吨上涨到2020年的21.46元/吨，增长2倍多；深圳试点碳市场和天津试点碳市场的平均碳价增长也接近一倍；北京试点碳市场的碳价延续了在所有试点中处于最高水平的地位并在2020年实现了近10%的增长，达到91.81元/吨（图6-3）。

图6-3 中国试点碳市场2019～2020年成交均价
资料来源：中央财经大学绿色金融国际研究院《中国碳市场2020年度总结与发展建议》

各试点碳市场碳价上涨的原因主要是引入了更严格的配额总量设定与分配制度。如北京试点碳市场降低了控排系数，并将2016～2018年作为新的核定配额历史基准年；而广东试点碳市场则是通过将有偿分配的配额数量从200万吨增加到500万吨来促进碳价的提升。尽管如此，目前中国各试点碳市场的碳价仍然远低于欧盟、韩国等发展程度较高的碳市场。

从各试点碳市场碳价的差异来看（见图6-3），目前各试点碳价差异仍然较大。在试点的八省（市）中，2020年北京试点碳市场的成交均价为91.81元/吨，在所有试点中价格最高，且是试点中碳价第二位上海试点碳市场成交均价的2倍以上。而深圳、广东、天津、湖北、重庆和福建试点碳市场2020年的配额成交均价则落在15～30元/吨区间内。最后从各试点碳市场2020年碳价走势来看，各试点碳价的波动也较大，北京试点碳市场的日均成交价在60～100元/吨，而其余试点碳市场的日均成交价均未突破50元/吨。

6.1.4.2 中国全国碳市场碳价格走势

中国全国碳市场已于2017年底启动建设，分阶段逐步扩大纳入行业范围，首批纳入火电企业2267家，覆盖CO_2排放规模35亿～40亿吨，由此中国全国碳市场将成为全球最大的碳市场。2020年年底，生态环境部以部门规章的形式出台了《碳排放权交易管理办法(试行)》,规定了各级生态环境主管部门和市场参与主体的责任、权利和义务,同时对全国碳市场运行的关键环节和工作要求也进行了说明。在此基础上,《2019—2020年全国碳排放权交易配额总量设定与分配实施方案(发电行业)》公布了包括发电企业和自备电厂在内的重点排放单位名单,标志着全国碳市场第一个履约周期正式启动。2021年以来,《企业温室气体排放报告核查指南(试行)》《企业温室气体排放核算方法与报告指南发电设施》等技术规范,以及《碳排放权登记管理规则(试行)》《碳排放权交易管理规则(试行)》和《碳排放权结算管理规则(试行)》等市场管理规则也陆续发布。2021年6月22日,上海环境能源交易所发布了《关于全国碳排放权交易相关事项的公告》确定了全国碳市场的交易场所、方式、时段等内容,随后在7月全国碳市场正式启动交易。

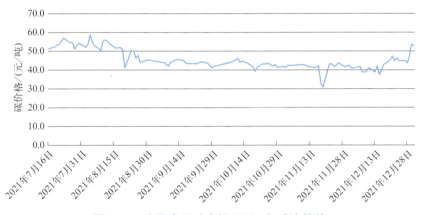

图6-4 中国全国碳市场2021年成交均价

数据来源:Wind数据库

图6-4显示了中国全国碳市场2021年的成交均价,全国碳市场启动首日成交量410.4万吨,成交额21023.01万元,成交均价51.23元/吨。随后在2021年10月26日,生态环境部发布《关于做好全国碳排放权交易市场第一个履约周期碳排放配额清缴工作的通知》,全国碳市场第一个履约周期控排企业履约清缴工作正式启动。截至2021年12月31日,全国碳市场第一个履约周期顺利圆满结束。自2021年7月16日正式启动上线交易以来,全国碳市场累计运行114个交易日,碳排放配额累计成交量1.79亿吨,累计成交额76.61亿元。按履约量计,履约完成率为99.5%。12月31日收盘价54.22元/吨,

较7月16日的首日开盘价上涨13%。在第一个履约期中，全国碳市场价格最低下降到约30元/吨，最高上涨到近60元/吨，总体而言全国碳市场运行健康有序，交易价格稳中有升，促进企业减排温室气体和加快绿色低碳转型的作用初步显现。

对比全球主要国家碳市场和中国试点碳市场的碳价格可以发现，目前中国各试点碳市场碳价格差距较大，且价格较低，普遍低于欧盟、韩国等国际碳市场。较低的碳价格不足以对高排放行业与企业产生足够的约束，也不足以对减排活动产生足够的激励。在此基础上，结合中国的实际国情对全国碳市场碳价格进行模拟，探索达到最佳节能减排效应的合理碳价格，有利于促使企业更积极地进行低碳转型，也有助于2030年前碳达峰、2060年前碳中和目标的成功实现。

6.2 中国试点碳市场碳价格的分解及影响因素

本节首先梳理了碳价格的影响因素。在此基础上，基于中国试点碳市场的历史碳价格数据，使用集成经验模态分解模型，对中国试点碳市场碳价格进行了分解及影响因素分析。

6.2.1 碳价格的影响因素

6.2.1.1 宏观经济因素

工业和电力部门是宏观经济发展中发挥重要作用的两大部门，宏观经济对于碳价格的影响也主要通过这两个部门来传导。宏观经济形势直接影响社会的消费和需求，当经济发展势头强劲时，工业企业扩大生产规模，导致碳排放量不断上升，然而碳配额总量一定，所以碳价格将会上涨。相反，经济紧缩时生产建设萎靡，碳配额过剩导致碳价格下降。根据中国的相关统计数据，工业发展、经济增长较快的阶段，碳排放量也会相应增加；而从世界范围来看，2008年金融危机爆发后，欧盟碳价格一路从30欧元下跌至7欧元左右，跌幅超过75%。

高莹等（2012）使用VAR模型对欧盟碳市场展开研究，他们发现国际宏观经济形势会对碳价格产生较大影响。汪中华等（2019）通过引入白噪声将碳价格进行分解之后再结合面板回归分析的方法，发现中国各地区季度GDP增长率与碳价格之间呈现显著的相关关系。

6.2.1.2 能源价格因素

能源行业主要使用煤炭、石油、天然气等燃料进行生产，而煤炭、石油、天然气等燃料的燃烧是碳排放的主要来源，因此能源价格的波动会引起企业对能源需求结构的变化，从而影响企业对碳排放权的需求变动，进而对碳价格产生影响。能源价格的上涨将导致企业生产成本上升，部分企业会寻求替代品代替或减少能源投入量，使得温室气体排放减少、碳配额供过于求，最终引起碳价格下降。而高度依赖化石能源的企业，在这种情况下也可能会通过改进生产技术的方式提高能源使用效率，降低每一单位产品的生产成本，提高企业的市场竞争力，也有利于降低温室气体排放，同样会使得碳价格下降。

陈晓红等（2013）的研究发现能源价格中煤炭价格是欧盟碳价格最大的影响因素。Sun等（2018）的研究则发现碳价格和能源市场价格间存在波动溢出效应，其中煤炭价格与碳价格联系最紧密，其次是天然气和石油价格。魏琦等（2018）以北京试点碳市场为例也得出相似的结论，煤炭价格对中国碳价格影响更大。

6.2.1.3 气候环境因素

在当前低碳经济大背景下碳市场应运而生，作为一种市场型政策工具，碳市场被用于治理生态和气候变化问题。气候环境因素与碳价格有着紧密联系，其中极端气温是较明显的影响因素。极寒的冬天，大量暖气供应需要增加燃料使用量；酷热的夏季，空调等电器的大量使用也会引起社会用电量上升，两者均会导致CO_2排放增加。同时化石能源的消费也与人们的环保意识紧密相关，环保意识越高，越能限制对于不可再生能源的消费，减少CO_2排放。这些都会影响到市场中碳配额供求的变化，从而在一定程度上影响碳价格。此外，人类环保意识的增强也会推动对于新能源及相关技术的研究，这也会对碳价格产生影响。

赵立祥等（2016）基于问卷调查收集的企业数据，构建结构方程模型，发现中国碳价格会受到气温、环境变化等因素的影响。郑宇花等（2016）的研究发现中国碳价格与月平均温度负相关。

6.2.1.4 政策因素

碳排放权这种由政策产生的"商品"与市场中流通的一般商品类似，其价格受到相应的国际政策、国内政策变化的影响。而碳市场的运营模式、减排程度由减排政策所决定，随着各国不断加强对温室气体排放的控制，碳排放权的供给会减少，碳价格也会随之上涨，因此碳价格在很大程度上会受到国家气候政策所预期未来减排目标的影响。除此之外，政策因素也体现在碳市场本身的设计上，配额储备政策、配额分配方法以及惩罚机制等都会影响碳市场的有效性，从而对碳价格产生影响。

陈晓红等（2010）利用广义自回归条件异方差模型发现碳市场自身政策和制度的完善性会对碳价格产生较大的影响。赵立祥等（2016）运用结构方程模型进行研究，发现政策因素对碳价格的影响程度仅次于市场环境的影响。庄英东（2018）通过可行性广义最小二乘法（FGLS）回归发现每当政府发布环保新政策时，次月碳市场平均碳价格都会上涨大约 0.399 元/吨。

6.2.2 分解中国试点碳市场碳价格

集成经验模态分解（ensemble empirical mode decomposition，EEMD）是一种新型自适应信号时频处理方法，其基础是经验模态分解（empirical mode decomposition，EMD）。EMD方法本质上是对信号序列的"筛选"过程，它可以通过算法将信号序列中不同尺度的波动因素按照频率从高到低逐步提取出来，最终使原始信号序列被分解成数个波动因素序列和趋势项序列。其中，被提取出来的波动因素序列称为本征模态函数（IMF）。EMD分解后的各序列具有更好的尺度波动规律性，在此基础上对分解得到的这些序列再利用合适的机器学习模型进行预测会使得结果具有更高的精度（齐绍洲等，2015）。EMD方法的具体步骤和公式如下。

① 找出原始信号序列$X(t)$的所有极值,并分别对所有的极大值和极小值用三次样条函数进行插值,拟合构造出$X(t)$的上包络线$X_{max}(t)$和下包络线$X_{min}(t)$。

② 根据上下包络线求均值:

$$m_1(t)=[X_{max}(t)+X_{min}(t)]/2 \tag{6-1}$$

③ 将原始信号序列$X(t)$减去均值$m_1(t)$得出"潜在IMF":

$$h_1(t)=X(t)-m_1(t) \tag{6-2}$$

④ 根据IMF的定义判定"潜在IMF",若满足定义要求(极值点个数与零点个数的差值为0或1且任意点上的上下包络线均值为0),则认为$h_1(t)$为IMF:

$$c_1(t)=h_1(t) \tag{6-3}$$

⑤ 对残差$r_1(t)$重复进行前4步,直至残差满足终止条件(一般采用两个连续IMF之间的标准差大小来判断是否终止)。其中,残差$r_1(t)$为:

$$r_1(t)=X(t)-c_1(t) \tag{6-4}$$

⑥ 当最后的IMF被"筛选"出后,残差$r_n(t)$即为趋势项,则原信号序列$X(t)$被EMD分解为:

$$X(t)=\sum_{i=1}^{n}c_i(t)+r_n(t) \tag{6-5}$$

针对EMD方法存在的模态混叠问题,即通过EMD方法分解得到的各IMF中可能含有不同频率的波动因素,EEMD这种噪声辅助数据分析方法被提出。EEMD分解原理为:当附加的白噪声均匀分布在整个时频空间时,该时频空间就由滤波器组分割成的不同尺度成分组成。当信号加上均匀分布的白噪声背景时,不同尺度的信号区域将自动映射到与背景白噪声相关的适当尺度上。每个独立的测试都可能会产生非常嘈杂的结果,这是因为每个附加噪声的成分都包括了信号和附加的白噪声。既然在每个独立的测试中噪声是不同的,当使用足够测试的全体均值时,噪声将会被消除,全体的均值最后将会被认为是真正的结果。随着越来越多的测试,附加的噪声被消除了,唯一持久稳固的部分是信号本身，通过这种方法，EMD方法存在的模态混叠问题可以被解决。EEMD的具体步骤如下。

① 将白噪声序列加在原始信号序列上。白噪声序列要满足以下条件。

$$\varepsilon_n = \varepsilon / \sqrt{N} \quad (6\text{-}6)$$

式中，N表示白噪声加入次数；ε_n和ε分别表示白噪声的波幅和标准差。

② 对加入了白噪声的信号序列进行EMD处理，得到数个IMF及趋势项。

③ 向原始信号序列加入不同的白噪声，重复前2步。

④ 将对应的IMF及趋势项分别求均值，作为EEMD方法分解结果。

通过EEMD方法，预先设定白噪声标准差$\varepsilon=0.2$、集成次数$N=100$，每个碳市场的价格序列被自适应地分解成数个周期不同的IMF和1个趋势项。周期不同的IMF代表不同发生频率的价格形成影响因素，趋势项主要表现了碳价格的长期内在运行趋势（徐佳等，2016）。

结合中国主要试点碳市场的具体运行情况，选取试点碳市场中目前年成交量和成交额均居于首位的广东试点碳市场，连续性、引进社会资金量等指标均居全国首位且被确定为全国碳交易注册登记系统所在地的湖北试点碳市场以及被确定为全国碳交易系统平台所在地的上海试点碳市场，对中国未来碳价格走势进行模拟。

在所选取的这三个试点碳市场中，上海试点于2013年11月26日开始运行，广东试点于2013年12月19日启动，而湖北试点则启动较晚，于2014年4月2日才开始正式运行。统一选用2020年5月26日作为截止日期，使用这些试点碳市场从开市以来到2020年5月26日的碳价格时间序列作为EEMD分解重构的对象。同时，若当天不存在交易，碳价格会延续上一天成交的价格，因此为了更好地对未来碳价格进行预测，进一步收集了所选取三个试点这段时期内配额现货交易量的数据，并剔除了交易量为0的时间，得到最终的碳价格时间序列。碳价格和配额现货交易量的数据来源于上海、广东和湖北三个碳排放权交易中心的官网。在此基础上，将这些数据的前70%作为EEMD分解重构预测的训练集，后30%作为测试集。湖北、上海和广东试点碳市场前70%属于训练集的碳价格原始数据经过分解均得到8个IMF和一个趋势项，如图6-5所示。

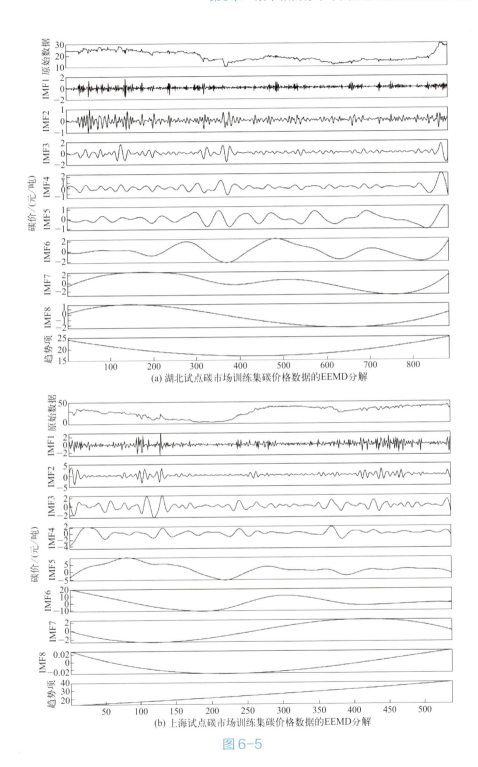

图 6-5

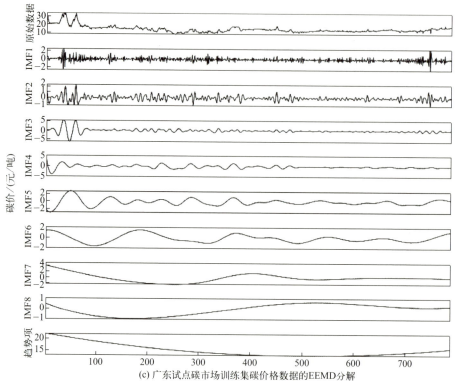

图6-5 湖北省、上海市、广东省碳价格的原始数据、IMF和趋势项

6.2.3 中国试点碳市场碳价格的重构及影响因素分析

碳市场的原价格经EEMD分解成多个IMF和1个趋势项，每个IMF的周期各不相同。一般而言，短期市场波动应该围绕价格均值上下振荡，而重大事件对碳价格会产生一定程度的或正或负经济影响。根据上述规律，将对IMF序列进行分类加成，构成短期市场波动影响序列和重大事件影响序列两类。

具体而言，将IMF1记为指标1，IMF1+IMF2记为指标2，以此类推，前i个IMF的和加成为指标i，计算指标1至指标i的均值，并对该均值是否显著区别于0进行t检验。其中，t检验统计量为：

$$t=(\bar{X}_i-0)/\frac{\sigma_i}{\sqrt{n-1}} \qquad (6-7)$$

式中，$\bar{X}_i$表示指标i的均值；σ_i表示指标i的标准差；n表示指标i的样本容量。

若IMF均值在指标4处显著不为0，则IMF1、IMF2和IMF3代表高频分量，后续IMF为低频分量。原价格序列的高频分量和低频分量体现了较强的经济学意义：高频分量的特征是振幅小、频率高、围绕零均值随机波动，是短期市场波动序列，体现了买卖交易行为、投机和投资行为、短期供需变动等因素对于碳价格的影响；低频分量包括季度性波动序列、重大冲击波动序列、年度性波动序列等，主要体现了季度性因素、年度性因素、重大事件等因素对碳价格的影响；长期趋势项主要由国家整体减排的力度和未来目标碳排放空间决定，体现了长期范围内的碳价格走势。

对三个试点碳市场的各IMF进行了高、低频分量的判别，结合计算得到指标的具体数值及各IMF的特征，三个试点碳市场的高、低频分量分类如表6-3所示。

表6-3 三个试点碳市场的高、低频分量分类

试点碳市场	IMF1	IMF2	IMF3	IMF4	IMF5	IMF6	IMF7	IMF8
湖北试点碳市场	高频	高频	高频	高频	高频	高频	低频	低频
上海试点碳市场	高频	高频	高频	高频	高频	低频	低频	低频
广东试点碳市场	高频	高频	高频	高频	低频	低频	低频	低频

根据表6-3各IMF的高、低频分量分类，将各试点碳市场属于同一类分量的IMF进行加总，分别得到高频和低频分量序列。重新组合得到各试点碳市场高频分量序列、低频分量序列以及趋势项与各试点原始价格序列如图6-6所示。

具体地，以湖北省为例，为分析主要试点碳市场开始运行以来碳价格变化的情况，将湖北试点碳市场碳价格时间序列数据首先通过EEMD的方法，预先设定白噪声标准差$\varepsilon=0.2$、集成次数$N=100$，使价格时间序列数据被自适应地分解成8个周期不同的IMF和1个趋势。其中，8个周期不同IMF主要代表不同发生频率的价格形成影响因素，而趋势项则主要体现湖北试点碳市场碳价格的长期内在运行趋势。

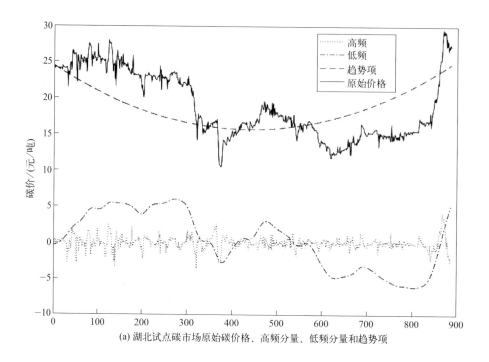

(a) 湖北试点碳市场原始碳价格、高频分量、低频分量和趋势项

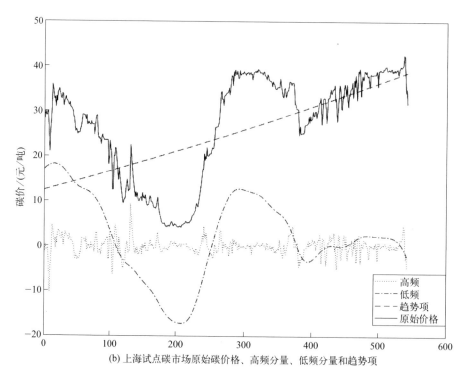

(b) 上海试点碳市场原始碳价格、高频分量、低频分量和趋势项

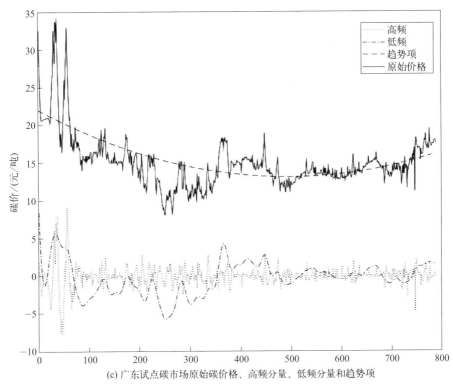

(c) 广东试点碳市场原始碳价格、高频分量、低频分量和趋势项

图 6-6 三个试点碳市场的原始碳价格数据、高频分量序列、低频分量序列和趋势项

在此基础上,根据上述重构方法将分解得到的8个周期不同的IMF进行重构。主要分类原则是利用t检验判断第一个均值显著偏离0的IMF,然后将此IMF作为分界线,包括此IMF在内的之前所有的IMF为低频分量,之后所有的IMF为高频分量。根据以上原则,可得出在湖北省碳价格时间序列分解得到的8个周期不同的IMF中,IMF1、IMF2、IMF3、IMF4、IMF5和IMF6为高频分量,IMF7和IMF8低频分量。

中国碳市场虽然属于新兴的特殊商品市场,但其依然拥有一般交易市场的属性,受到市场供需情况影响。根据之前碳价格影响因素的相关研究可以知道,市场投机行为、能源价格和天气状况等都会影响到碳配额的供需,进而影响到碳价格。但是这类波动持续时间较短、发生频率高,因此高频分量主要反映了此类波动影响。湖北碳市场短期波动造成的高频分量变化与碳价格存在相同方向的变化趋势,说明市场供需不均衡对湖北碳市场的价格形成影响较大。

而由于湖北试点碳交易的制度结构并不完善，市场运行情况会受到异质性环境的影响，如交易所颁布新制度和配额拍卖政策等。这些重大事件影响往往持续时间长、发生频率低，对碳价格影响较大，低频分量正反映了这类政策带来的影响，因此分析低频分量的变化特征有助于判断重大事件的影响程度和持续时间。当重大事件发生后，低频分量运行通常会发生变化。如2014年9月9日，湖北省碳市场开展了全国首单碳排放权质押贷款项目，湖北试点碳市场低频分量从2014年9月11日左右开始向上运行，最大波动幅度0.9元/吨，持续约55个交易日；2015年3月6日，湖北碳交易首次履约动员暨核查工作启动会召开，湖北试点碳市场低频分量从2015年3月12日左右开始向下运行。

最后从长期趋势来看，湖北试点碳市场碳价格存在明显的"先降后升""U"形趋势。趋势项的非平稳运行一定程度上是由于市场内在结构或交易机制出现问题。其向上运行往往是配额分配过紧，控排企业不愿出售配额等原因造成。而市场制度的不断完善、控排企业参与度不断提高，这些都会使得趋势项逐步下行。湖北试点碳市场碳价格整体较为平稳，也是由于自身的制度和结构优势，例如较为合理的配额分配方案、更为开放的交易制度和全面的风险防范措施等。

除了对湖北省碳价格时间序列进行EEMD分解重构之外，对所选取的其他两个试点碳市场即广东试点碳市场、上海试点碳市场也进行了EEMD分解重构，分解重构结果如图6-6所示，相关的分析则不在此具体展开。

6.3　碳中和目标下中国碳价格预测

本节采用动态CGE模型方法，设置了三种碳排放路径情景，在此基础上模拟了碳中和目标下的中国碳价格。

6.3.1　中国碳价格的预测方法

本节使用的CGE模型是CHINAGEM-E模型，该模型改进了通用的CHINAGEM模型，使其可以实现能源、环境、碳排放等方面的模拟。通用的CHINAGEM模型是基于ORANI-G模型基础理论和MONASH模型动态机制的大型单国递归动态CGE模型。该模型体系具有完整、透明的理论框架。Horridge（2000）、Dixon et al.（2002）、Mai et al.（2010）分别为ORANI-G、MONASH、CHINAGEM的数据结构和理论框架做了详细的介绍。CHINAGEM-E模型以2017年中国投入产出表为核心数据，在CHIANGEM基础上做了五项扩展：①拆分原油、天然气和电力部门；②建立能源和排放账户；③增加新的要素——能源嵌套结构，并校准参数，以允许生产因子和不同类型的能源之间的替代；④引入碳定价和碳收入回收机制；⑤添加有关于碳捕获与封存机制的假设。Feng et al.(2021)对这五项扩展做了详细介绍。

通过使用CHINAGEM-E模型可以模拟不同情景下的均衡碳价格趋势。在本节设定的三个不同情景中，碳价格在基准情景中为外生给定。在给定碳价格的前提下，碳排放相关的经济活动水平会随碳价格的升高而下降。具体下降程度由模型内生决定。在两个碳中和情景下，碳价格为模型内生决定。影响内生碳价格水平的重要因素是外生给定的碳排放路径。由于碳中和情景下的碳排放路径低于基准情景下的碳排放路径，碳中和情景下的碳价格水平将高于基准情景下的碳价格水平。相应的，碳中和情景下更高的税收水平会增加经济运行成本，使GDP随之下降。

值得注意的是，在模拟中所采用的碳价格代表整个经济体所承担的减排责任水平。碳价格的成本会作用到所有直接产生CO_2排放的活动。这点与实际中的碳市场不同，因为碳市场的碳价格仅直接作用到特定活动。同时在模型中，假定了所有碳价格的收入都被政府获取，并以转移支付的方式返还给了消费者。尽管模型中的与碳定价及其机制和现实中的碳市场可能存在不一致的情况，但是通过CHINAGEM-E模型预测得出的碳价格结果仍可以作为不同情景下中国碳市场价格水平的一种参考。

6.3.2 情景设置

在具体的情景设置方面，基准情景以中国在《巴黎协定》框架下提出的自主贡献目标、行动计划和相关政策为支撑，延续低碳转型的趋势和政策的情景。该情景描述了未来中国经济按一定常理发展，对能源电力依然有较大需求，同时在碳排放方面不再特意采取新的控制政策，能源结构按当前政策调整推进。即该情景考虑能源需求与供应结构两种主要因素都对碳排放控制不利的情况下中国未来的碳排放路径。建立合理的基准情景至关重要，它是分析碳中和的碳价格变化的参照物。基准情景下主要宏观经济变量的增长率设置如表6-4所示。

表6-4 基准情景下主要宏观经济变量增长率的设置　　　　单位：%

主要外生宏观经济变量	2020年	2021年	2025年	2030年	2040年	2050年	2060年
实际GDP	1.85	8.24	5.49	4.03	3.16	2.87	2.6
就业人数	−0.39	−0.26	0.04	−0.81	−1.11	−1.26	−1.21
家庭消费	2.61	8.96	6.14	4.59	3.65	3.31	3
投资	1.96	8.37	5.68	4.29	3.57	3.08	2.6
出口	2.45	8.81	5.92	4.28	3.06	2.63	2.3

注：实际GDP增长数据在2018年和2019年来自中国国家统计局；2020～2025年来自国际货币基金组织的《世界经济展望》；2026～2040年来自国际能源署的《世界能源展望》；其他数据是笔者的假设。

在基准情景中，不同年份的碳价格水平需要外生给定。主要参考国际能源署的相关结论，设定了2020～2040年的碳价格，对于2041～2060年的碳价格做出了自己的假设。图6-7展示了设定的基准情景下中国碳价格水平。

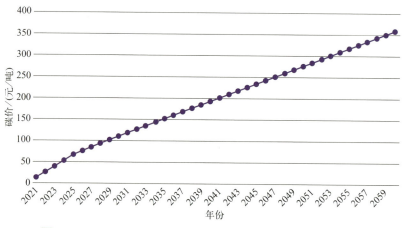

图6-7　CHINAGEM-E模型基准情景下中国碳价格水平

而对于2060碳中和情景，这主要是基于中国提出的"双碳"目标，即在2030年前实现CO_2排放达峰，2060年前努力实现CO_2净零排放和其他温室气体深度减排为目标。该情景综合考虑了经济社会的可持续发展、能源安全、国内环境和低碳之路的要求，是在强化技术进步、改变经济发展模式、改变消费方式、实现低能耗、降低低温室气体排放方面做出重大努力的能源需求与碳排放情景。在该情景设想下，经济发展、能源结构优化、节能减排技术等方面均有重大改观，经济进入更低速的增长，对能源电力的需求进一步降低，碳排放控制措施进一步强化，能源结构调整速度明显加快。此外，在碳中和情景下，考虑到未来减排的力度及减排行动的时间节点，分别加入了减排早行动方案和相对较晚的碳减排行动方案。试图通过对碳中和情景下未来碳减排行动的时间、力度及范围的估计，得出不同的减排路径，以区分未来政策的减排效果。

6.3.3 中国碳价格的预测结果

假设在2060碳中和情景下，我国的能源需求总量增速持续放缓，能源需求结构加速转型。从总体结构上看，非化石能源占比明显提升，未来将打破对化石能源绝对依赖的局面。新能源（风能、水能、太阳能、核能等）占一次能源消费的比重将上升。特别是可再生能源份额将提高，其中增长最强劲的是可再生能源电力。从化石能源结构上看，从煤炭"一家独大"向着煤、气、油结构逐渐合理的方向演进，能源消费结构向低碳化和清洁化发展。同时，能源效率明显提升，能耗强度大幅降低。具体能源强度和碳排放强度的变化幅度如图6-8所示。

根据CHINAGEM-E模型，首先预测了三种情景下中国2021～2060年净CO_2排放量，如图6-9所示。

在基准情景下，2020～2060年中国二氧化碳排放空间呈先增后减的趋势。二氧化碳排放将在2030年前达峰，峰值排放量约为105亿吨。此后，二氧化碳排放将呈逐年减少的趋势，其中2060年的排放量与2020年的排放量相比，大约降低30%，总量约为76亿吨。总体而言，基准情景下中国二氧化碳排放量与所预期设定目标尚且存在较大差距，根本无法保障自主贡献目标的实现。这一结果也进一步表明了中国出台、实施更严格的减排目标和政

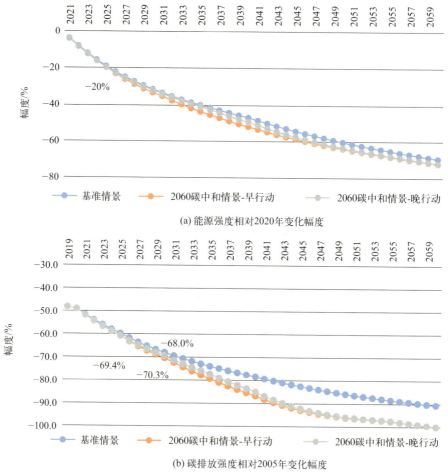

图 6-8　三种情景下碳排放强度的变化幅度

策的必要性和迫切性。

在碳中和情景下，由于采取了较为严格的碳减排政策措施，不管是在哪种行动方案下，未来二氧化碳排放均将呈现快速的下降趋势，并且这一下降趋势在2030年之后表现尤为突出。该情景下两个行动方案二氧化碳的排放空间峰值年份均在2025年左右出现。其中早行动方案在达峰后，碳排放量随即呈现逐渐下降趋势，且下降趋势逐渐加快。然而在晚行动方案中，在碳排放峰值年后会经历一段平台期，排放量均维持在100亿吨左右，大约在2030年后碳排放量开始呈现逐年递减趋势，直至2060年实现中国二氧化碳净零排放的目标。此外，在2030～2055年，晚行动方案下的碳排放路径均

图 6-9　三种情景下中国 2021 ~ 2060 年净 CO_2 排放量

高于早行动方案路径。这也进一步表明早行动方案的减排力度是要大于晚行动方案，由此也产生了较好的减排效果。随着减排政策的逐步推进，减排效果也逐渐显现，晚行动方案下的减排力度也将逐渐向早行动方案靠近，从而更好完成 2060 碳中和目标。因此，预计在 2055 年之后，两类行动方案下的碳减排路径将趋于一致，并最终实现 2060 年碳中和的目标。在以上三种情景下，进一步根据 CHINAGEM-E 模型得到了三种情景下中国 2021 ~ 2060 年的碳价格预测值，如图 6-10 所示。

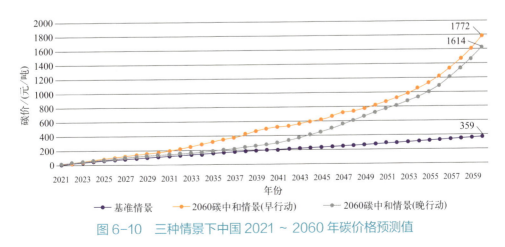

图 6-10　三种情景下中国 2021 ~ 2060 年碳价格预测值

从图 6-10 中可以看出，在 2025 年之前，三种情景下碳价格的上涨趋势大致相同。而在 2025～2030 年，2060 碳中和两种行动情景下碳价格开始逐渐超过基准情景，其中早行动情景下碳价格在 2030 年达到 134 元/吨，而晚行动情景和基准情景下 2030 年碳价格仅为 111 元/吨和 94 元/吨。这主要是与早行动情景中 2025 年后碳排放量达峰后随即呈现逐渐下降趋势，且下降的趋势逐渐加快有关。而在 2030 年后，基准情景下碳价格缓慢上升，在 2060 年达到 359 元/吨，而碳中和两种行动情景下碳价格由于碳排放空间的压缩大幅度上升，最终于 2060 年达到 1772 元/吨和 1614 元/吨，是基准情景下碳价格的近 5 倍。

6.4　碳价格约束下能源企业的挑战、机遇与应对措施

碳价格的约束给能源企业带来了一系列挑战，短期内能源企业将面临经营成本增加、清洁能源核心技术不足等困难，但同时，碳价格也将推动能源企业转变思路寻求战略转型、加快技术进步促进节能增效，为企业发展提供更多机遇。

6.4.1　面临的挑战

6.4.1.1　理念挑战

碳市场的交易产品为政府发放的碳排放权配额以及核证项目减排量（CCER），在碳市场中配额和 CCER 成为一种有价产品，具有了资产属性、财务属性及金融属性。目前我国试点碳市场碳价格保持在 20～80 元/吨，从本章所预测的全国碳市场价格走势研判来看，2030 年前碳价会逐步提升到 134 元/吨左右，这对能源企业而言既是机遇也是挑战，挑战是会增加企业的碳成本，影响短期收益及中长期产业调整。但同时，碳资产作为企业的新型资产，管理得当也会给企业带来收益。

能源企业应该在发展战略层面以及管理层面上把碳减排目标纳入企业发展战略的综合决策和投资成本中，从战略高度上重视碳资产管理，强调低碳在价值创造、企业社会责任方面的突出地位。碳资产管理意识、理念的缺失不但影响企业对碳资产价值以及减排成本的评估，最终也会在投资决策和预

算制定方面影响整个公司。

6.4.1.2 管理挑战

从国家政策导向上看，由地方试点向全国推开的碳市场将作为推动能源绿色转型、倒逼企业减排的重要市场化政策工具，给大型能源企业的碳资产履约、经营、综合管理提出新的挑战和要求。跨地域的大型能源企业将被整体纳入履约管理体系之中，碳排放约束影响由地区性、局部性转为全局性、综合性，碳资产管理问题也成为企业经营投资和管理需要考量的重要内容。大型能源企业能源资产在全国范围内分布广泛，能源产业类型多样、发展水平不一，碳资产管理难度较大；另外，很多非试点地区碳资产管理起步较晚，仅少数企业有所涉足，总体上在制度机制建设、经验积累以及专业化人才等方面都较为欠缺。

6.4.1.3 成本挑战

加入全国碳市场后，短期内可能使能源企业尤其是发电企业的发电成本呈现上升趋势，同时由于碳价格上涨，企业所面临的履约成本也会越来越高。电力需求的增加必然会导致更多的二氧化碳排放，而发电企业为了履行政府下达的碳排放配额指标，同时保证电力供应，需要通过采取电厂技术升级改造、清洁能源发电技术、碳捕获技术或者通过碳交易实现减排目标，这无疑都会增加发电企业的运行成本。发电企业特别是火电企业目前已经处在高负债和亏损的困境中，成本的增加无疑将加重其生产负担，随着碳配额价格的波动，配额分配趋紧以及有偿配额的比例增大，发电企业的经营压力也将逐步增大。由于目前我国电力行业的市场化程度较低，发电企业的成本并不能顺利向下游传导。因此，对于发电企业而言，碳排放成本将逐渐成为其生产成本中的重要组成部分。

6.4.1.4 竞争力挑战

目前随着全球碳市场的兴起和发展，以低碳技术革命为核心推动世界低碳活动范围跨越国界，通过对外贸易、技术转移、提供服务等，促进国际低碳经济整体建设，这是未来世界经济的重要特征之一，也是经济全球化低碳转型的重要趋势。能源企业作为低碳经济下的重要参与者，响应国家的低碳全球化政策和趋势，紧跟时代潮流，积极做好企业转型工作，发挥企业优势，方可在国际竞争中立于不败之地。随着碳市场日益成熟、交易活动增加，未来将出现多元化的国家化碳市场。企业应把握各国碳减排政策对碳市场发展的支持。此外，因碳市场导致的全球战略格局调整以及机制创新将为企业带来新的市场机遇。

但是，能源企业在碳市场条件下也将会面临许多挑战，如国际交易市场机制不健全导致的市场问题、气候壁垒造成发展中国家出口产品日益受到外部挤压、企业内部面临的管理理念挑战，以及如何使低碳竞争力成为企业的核心目标等。

6.4.1.5　技术挑战

能源企业尤其是发电行业企业减排潜力深度挖掘面临较大难度。发电行业在改革开放的几十年中，尤其是近十多年，在发电效率和新能源等技术碳减排方面取得了显著成效。根据中国电力企业联合会分析，2016年全国火电单位发电量二氧化碳排放约822克/（千瓦·时），相较于2005年下降21.6%。到2016年底，我国非化石能源发电装机容量达到5.7亿千瓦，约占全部电力装机35%。2006～2016年，发电行业累计减少二氧化碳排放94亿吨。要进一步发掘发电行业碳减排的技术潜力日益困难，通过强制性制定技术标准持续推进深度减碳已经难以为继。

目前我国对发电行业减排已有较为严格的标准和要求，煤电机组供电煤耗和电网线损水平达到或接近国际先进水平，节能减排空间逐步缩小，发展清洁能源及低碳技术是必然选择，但是碳减排技术发展尚不稳定，缺乏核心技术且成本过高，使得短期内还无法完全依靠低碳技术解决减排的问题。

6.4.1.6　企业转型挑战

处理好当前产业发展和未来绿色转型之间的关系，是能源企业管控碳资产的重大抉择。碳价格因素将影响和改变煤电、风光等可再生能源发电的相对成本对比优势，如碳价在100元/吨的条件下，煤电的相对成本会大约增加0.1元/（千瓦·时）。

能源转型必须符合国情、能情，目前我国明确了化石能源清洁化利用与非化石能源规模化发展并重的能源转型战略路径，中国能源企业如何能够走出一条符合国家和集团自身情况的煤基能源企业低碳转型之路、实现长远发展，并对我国的煤炭清洁高效利用做出重要贡献，为煤炭行业发展和利用好煤炭做出积极的示范引领作用，是新时代能源企业中长期发展战略规划的重大议题。

6.4.1.7 政策与战略挑战

低碳经济的建设既需要企业的积极参与，也离不开政府的政策引导。首先，政府对企业低碳管理的发展具有指导作用。其次，政府将主导企业低碳管理发展的舆论导向。此外，政府应通过政策扶持企业的低碳管理发展。总之，低碳经济背景下，企业管理需要向更加注重节能和环保的方向发展，这是政策、环境的需要，也是企业自身的需求。而为了实现这个目标，需要政府和企业共同努力。

目前我国大部分地区的上网电价与售电价仍由政府批复，电力价格还不完全由市场决定。发电计划由政府制订，发电企业还不能完全按照市场化方式自主确定发电量。发电行业是作为首批纳入的碳交易行业，在已经确定的全国碳市场基准线的配额分配体系下，管理水平高、单位产品排放强度比相应基准线低的发电企业配额会有富余，随着碳市场的实施，企业发电越多，获得的配额就越多，竞争优势就越明显，随着电力体制改革不断深入，获得的发电机会市场空间也越大。但是在目前发电计划由政府制定的时期，企业面临有富余配额却不能多发电，没有富余配额但必须完成计划电量的矛盾。目前，我国电力市场化改革正在推进之中，提出逐步取消发电计划、推进发电侧和销售侧电价市场化，但改革到位还需要一个长久过程。

6.4.2 面临的机遇

6.4.2.1 碳资产

在碳价格快速上涨的背景下，能源企业具有培育和形成低碳核心竞争力的良好机遇。全国碳市场中，各能源企业在配额市场中毫无疑问将拥有较大碳配额资产，利用好规模优势可以带来较强的市场主导力及政策影响力。随着能源企业不断推动煤炭清洁化利用、提高能源效率、发展可再生能源实现低碳技术进步，企业非常有可能成为大型的碳资产公司。通过管理碳资产，实现企业碳资产的保值增值，可带来直接经济利润和收益，形成较强的市场引导力及政策影响力。

6.4.2.2 碳金融

进行碳资产管理可以在保证履约的前提下，降低履约成本、实现碳资产保值增值，并拓宽融资渠道。因此，要研究推动碳资产管理和碳金融创新，充分利用碳资产和碳交易的内在金融化属性，积极探索碳债券、碳质押、碳借贷、碳托管、碳期货等碳金融形式，实现碳资产保值增值。

通过碳资产管理，碳资产的风险与收益可以转移到金融机构等，有利于能源企业避免不必要的风险和成本，因此具有更高的合理性与经济性。特别是在只有现货市场并且不能做空的市场中，能源企业可以通过预先存储配额以减少合规风险。当企业预期配额剩余时，企业便可以通过碳资产出质的方式获得融资，并将剩余配额风险转移给金融机构或碳资产管理机构。如果预期配额供不应求，则可以偿还贷款以重新获得配额使用权。同时，企业将碳配额作为融资担保和增强信用的手段，有利于不断提升社会对碳配额资产价值的认可，鼓励企业通过建立碳市场促进节能减碳，形成经济发展的正向效应。

6.4.2.3 促进清洁高效能源技术进步

低碳技术是能适应经济发展需要、减少温室气体排放、应对气候变化采取的一切减碳、无碳或者负碳的技术手段，其核心在于利用科学的手段掌握并控制温室气体的排放。国家发改委发布《国家重点节能低碳技术推广目录》（2017年本低碳部分），该目录涵盖非化石能源、燃料及原材料替代、工艺过程等非二氧化碳减排、碳捕获利用与封存、碳汇等领域共27项国家重点推广的低碳技术。

面对碳市场、碳价格带来的减排成本，企业可以通过技术的引进或者增加技术研发投入来实现低碳技术的升级。通过技术进步企业在增强技术领先优势的同时，还可以将剩余配额在市场上进行出售，获得经济收益。这将有助于进一步激发能源企业实施节能降损措施的动力，促进清洁高效低碳能源技术的研发与进步，实现能源结构向低碳化发展方式转变。

6.4.2.4 加速可再生能源发展与普及应用

在碳价格的约束下，能源企业尤其是发电企业需要由过去主要依靠煤炭等传统化石能源向包括水电、风电、太阳能、核电、天然气等多种能源在内的清洁化方向转变。但目前发电量的不稳定是可再生能源发展的主要障碍之一，另外，风能和太阳能还存在电量过剩问题，导致出现负电价。

以全球规模最大的煤炭生产公司、火力发电公司、风力发电公司和煤制油煤化工公司国家能源集团为例，其属于典型的"高碳"产业主导型企业。除煤炭、煤电等大规模高碳资产之外，还拥有风电、水电、太阳能发电等低碳产业，并正在积极探索和布局氢能产业，也将对促进节能减碳、提升碳资产管理经营效益带来支撑。多元驱动、高碳与低碳资产共存的能源业务结构，意味着国家能源集团在碳资产管理领域拥有更多的内部协调和协同管理空间，结合国家可再生能源发展战略突破关键技术，并由此形成独特的低碳竞争力。

6.4.2.5 新的品牌和声誉

由于全社会低碳消费意识的增长，低碳消费方式逐渐被消费者所考虑，这就要求企业生产、提供的产品必须体现低碳、环保的理念，在生产环节进行低碳生产技术的革新，以此来降低企业生产能耗、提高资源利用率、努力实现环境友好型的碳排放方式。同时，能源企业也是低碳消费产品的供给方，是联系低碳生产和低碳消费的桥梁。只有企业提供了低碳产品，使消费者能够在消费时有足够多可选择的低碳产品，才能广泛、深入地推行低碳经济发展。

发展低碳经济既是能源企业的社会生态责任，也将给能源企业带来广阔的发展前景和巨大的行业市场。随着消费者生态意识的增强，绿色消费逐渐出现在影响消费的因素中，能源企业的低碳行动是勇于承担社会责任的体现，将会为企业树立良好的社会形象和企业形象。

6.4.2.6 战略

由于碳价格不断提高,能源企业需要加强碳资产经营管理的战略定位,充分认识加强碳资产战略管理在能源企业未来产业升级转型和竞争力提升中的重大意义,并在战略上将碳资产管理经营板块定位于"虚拟产业"。在国际国内的制度安排政策导向上,碳市场成为控制碳排放总量、促进低碳转型的重要手段,碳排放空间将作为重要生产要素融入投资经营决策之中。从国际大型能源企业的发展战略上看,碳排放的经济因素日益成为影响其中长期发展布局调整的关键因素。在碳约束到来的时代潮流下,能源企业应加强综合一体化的碳资产战略管理,从碳减排技术、产业布局调整、碳资产经营等方面制定总体"低碳战略",推进实现总体战略目标。

6.4.3 应对措施

(1)做好碳排放数据管理等基础工作,摸清碳资产家底　对能源企业自身的碳资产进行盘查,扎实做好企业碳排放数据管理,是碳资产管理的基础。企业需要先清楚地知道自身的碳资产情况,才能对碳资产进行有效管理。特别是对于一些大型集团化能源企业,业务众多,既有控排企业,又有清洁能源企业,碳资产构成种类也较多,需要对不同的种类进行区分。从国内外典型能源企业实践经验来看,做好企业碳盘查和数据管理的一种有效方式是建设碳资产管理信息系统,在线监测企业的碳资产情况,并且通过历史数据对比、碳强度的计算,为企业分析和决策提供数据支持。

(2)建立健全能源企业碳资产管理体系　碳资产管理涵盖了数据管理、配额/CCER管理和交易管理,内容丰富,涉及的企业部门和层级较多,企业需要建立自己的管理体系,明确分工和责任归属部门。建立碳资产管理体系是做好大型能源企业碳资产管理的重要制度保障,只有建立起协调统一、上下联动的碳资产管理制度体系,才能为企业构建责权利划分清晰的多层立体管理架构,将碳资产管理目标纳入各级经营主体的年度考核激励制度之中,从而制定明确的考核指标和考核办法,确保全面落实集团的减排目标,最终有效应对碳交易政策和市场环境变化。

（3）建立符合自身情况的碳资产管理机构　目前，国内能源企业普遍未设置专门的碳资产管理机构，有的将碳资产管理职责划归在营销部门，有的交给环保部门代管。事实上，碳资产管理具有较强的专业性，从国内外参与碳市场的企业实践经验来看，无论是在集团层面成立碳资产管理部门，或者组建碳资产管理公司的管理模式，设立专业的机构对碳资产进行集中管理和交易都十分必要。

（4）加强碳资产管理能力建设，培养专业的人才队伍　碳资产管理作为一项专业性较强的新兴事物，需要有专门的人才队伍作为支撑。企业可以整合优化现有分散的碳资产专业化队伍，积极组织相关人员参与专业培训，推动企业内部专职的MRV（碳排放的量化与数据质量保证的过程）队伍建设，培养碳资产管理专职人员，切实提高从业人员的业务素养和工作能力，更好地支撑集团内部碳资产管理能力，并参与全国碳市场经营和专业管理、咨询服务的市场竞争。

参考文献 REFERENCES

Aldy J, Pizer W, Tavoni M, et al, 2016. Economic tools to promote transparency and comparability in the Paris Agreement. Nat. Clim. Chang., 6: 1001-1004.

Arranz M A, 2017. Lessons from the past for sustainability transitions? A meta-analysis of socio-technical studies. Global Environmental Change, 44: 125-143.

Bolwig S, Bazbauers G, Klitkou A, et al, 2019. Review of modelling energy transitions pathways with application to energy system flexibility. Renewable and sustainable energy reviews, 101: 440-452.

Calel R, Dechezleprêtre A, 2016. Environmental policy and directed technological chang: evidence from the European carbon market. The Review of Economics and Statistics, 98 (1): 173-191.

Calvin K, Clarke L, Krey V, et al, 2012. The role of Asia in mitigating climate change: Results from the Asia modeling exercise. Energy Econ, 34: S251-S260.

Chao Q, Feng A, 2018. Scientific basis of climate change and its response. Global Energy Interconnection, 1 (04): 420-427.

Cheng L K, Kwan Y K, 2000.What are the determinants of the location of foreign direct investment? The Chinese experience. J. Int. Econ., 51: 379-400.

Climate Ambition Alliance, 2020. Nations Renew their Push to Upscale Action by 2020 and Achieve Net Zero CO_2 Emissions by 2050.

Cowell R, Ellis G, Sherry-Brennan F, et al, 2017.Energy transitions, sub-national government and regime flexibility: how has devolution in the United Kingdom affected renewable energy development? Energy Research and Social Science, 23: 169-181.

Dean J M, Lovely M E, Wang H, 2009. Are foreign investors attracted to weak environmental regulations? Evaluating the evidence from China. Journal of Development Economics, 90 (1): 1-13.

Dechezleprêtre A, Glachant M,. Haščič I, et al, 2011. Invention and transfer of climate change-mitigation technologies: a global analysis. Review of Environmental Economics & Policy, 5 (1): 109-130.

Dekker T, Vollebergh H R J, Vries F P D, et al, 2012.Inciting protocols. Journal of Environmental Economics & Management, 64 (1): 45-67.

Dixon P B, Rimmer M T, 2002.Dynamic General Equilibrium Modelling for Forecasting and Policy: a Practical Guide and Documentation of Monash.

Dong K, Jiang Q, Shahbaz M, et al, 2021.Does low-carbon energy transition mitigate energy poverty? The case of natural gas for china. Energy Economics, 99: 105324.

Duan H B, Mo J L, Fan Y, et al, 2018. Achieving China's energy and climate policy targets in 2030 under multiple uncertainties. Energy Econ, 70: 45-60.

Eaton S, Kostka G, 2017.Central protectionism in China: the "central soe problem" in environmental governance. The China quarterly, 231: 1-20.

Ember, 2020. Global Electricity Review 2021.

Energy & Climate Intelligence Unit Net Zero Emissions Race 2020, 2020.

Feng S H, Peng X, Adams P D, 2021. Energy and Economic Implications of Carbon Neutrality in China—A Dynamic General Equilibrium Analysis. Centre of Policy Studies Working Paper, No. G-318.

Fischer-Kowalski M, Rovenskaya E, Krausmann F, et al, 2019.Energy transitions and social revolutions. Technological Forecasting and Social Change, 138: 69-77.

Ford R, Walton S, Stephenson J, et al, 2016. Emerging energy transitions: PV uptake beyond subsidies. Technological Forecasting & Social Change, 117.

Frondel M, Sommer S, Vance C, 2015. The burden of Germany's energy transition: An empirical analysis of distributional effects. Economic Analysis & Policy, 45 (00): 89-99.

Fujimori S, Hasegawa T, Masui T, et al, 2017. SSP3: AIM implementation of shared socioeconomic pathways. Glob. Environ. Change, 42: 268-283.

Geels F, Schwanen T, Sorrell S, et al, 2018. Reducing energy demand through low carbon innovation: a sociotechnical transitions perspective and thirteen research debates. Energy Research & Social Science, 40: 23-35.

Gielen D, Boshell F, Saygin D, et al, 2019. The role of renewable energy in the global energy transformation. Energy Strategy Reviews, 24: 38-50.

Global Wind Energy Council, 2020. Global offshore wind report 2020.

Global Wind Energy Council, 2021. Global wind report 2021.

Greenstone M, List J, Syverson C, 2012.The effects of environmental regulation on the competitiveness of US manufacturing. Natural Field Experiments.

Grout P A, 2003. The Assessment: Financing and Managing Public Services. Oxford Review of Economic Policy, 19 (2): 215-234.

Guo P, Wang T, Li D, et al, 2016. How energy technology innovation affects transition of coal resource-based economy in China. Energy Policy, 92 (5): 1-6.

Hansen K, Mathiesen B V, Ridjan I, 2019. Full energy system transition towards 100% renewable energy in Germany in 2050. Renewable and sustainable energy reviews, 102: 1-13.

He G, Lu Y, Mol A, et al, 2012. Changes and challenges: China's environmental management in transition. Environmental Development, 3(1):25-38.

He G, Zhang H, Xu Y, et al, 2016. China's clean power transition: Current status and future prospect. Resources Conservation & Recycling, 121: 3-10.

Horridge, 2000. ORANI-G: A General Equilibrium Model of the Australian Economy. CoPS/IMPACT Working Paper Number OP-93.

Huang H, Yan Z, 2009. Present situation and future prospect of hydropower in China. Renewable & Sustainable Energy Reviews, 13 (6-7): 1652-1656.

IMF, 2020. WORLD ECONOMIC OUTLOOK 2020.

Iniyan S J, 2006. A Review of Energy Models. Renewable & Sustainable Energy Reviews, 10: 281-311.

IPCC, 2018. Special Report: Global Warming of 1.5℃.

Jiang K J, 2014. Secure low-carbon development in China. Carbon Manag, 3: 333-335.

Kapitonov I A, Voloshin V I, Filosofova T G, et al, 2021. Development of experience in the application of technologies in the field of alternative energy: World experience, Russian practice. Renewable Energy, 165 (42): 773-782.

Kumar S, Fujii H, Managi S, 2015. Substitute or complement? Assessing renewable and nonrenewable energy in OECD countries. Applied Economics, 47.

Lazaro L L B, Soares R S, Bermann C, et al, 2022. Energy transition in Brazil: Is there a role for multilevel governance in a centralized energy regime. Energy Research & Social Science, 85: 102404.

Lin B, Omoju O, 2017. Focusing on the right targets: Economic factors driving non-hydro renewable energy transition. Renewable Energy, 113 (11): 52-63.

Liu H, Wang X, 2011. The nature, features and governance of state-owned energy enterprises. Energy Procedia, 5: 713-718.

Liu Z, et al, 2015. Reduced carbon emission estimates from fossil fuel combustion and cement production in China. Nature, 524: 335-338.

Lovely M, Popp D, 2011.Trade, technology, and the environment: does access to technology promote environmental regulation? J. Environ. Econ. Manag, 61: 16-35.

Mai Y, Dixon P B, Rimmer M T, 2010. CHINAGEM: A Monash-Styled Dynamic CGE Model of China. Centre of Policy Studies, Victoria University.

Musa S D, Tang Z, Ibrahim A O, et al, 2017. China's energy status: a critical look at fossils and renewable options. Renewable & Sustainable Energy Reviews, 81 (2): 2281-2290.

Newbery D, 2016. Towards a green energy economy? The EU Energy Union s transition to a low-carbon zero subsidy electricity system—Lessons from the UK's Electricity Marker Reform. Applied Energy, 179: 1321-1330.

Nicolli F, Vona F, 2016. Heterogeneous policies, heterogeneous technologies: The case of renewable energy. Energy Economics, 56 (35): 190-204.

Norberto C, Gonzalez-Brambila C N, Matsumoto Y, 2016.Systematic analysis of factors affecting solar PV deployment. The Journal of Energy Storage, 6: 163-172.

Osunmuyiwa Q, Kalfagianni A, 2017. The Oil Climax: Can Nigeria's fuel subsidy reforms propel energy transitions? Energy Research & Social Science, 27: 96-105.

Oudes D, Stremke S, 2018. Spatial transition analysis: Spatially explicit and evidence-based targets for sustainable energy transition at the local and regional scale. Landscape & Urban Planning, 169: 1-11.

Popp D, 2010.Exploring links between innovation and diffuseion: adoption of NO_x, control technologies at us coal-fired power plants.Environmental and Resource Economics, 45 (3): 319-352.

Popp D, Hascic I, Medhi N, 2011. Technology and the diffusion of renewable energy. Energy Econ, 33: 648-662.

Porter M E, Linder C, 1995. Toward a new concept of the environment-competitiveness relationship. Journal of Economic Perspectives, 9 (4): 97-118.

Pradhan B K, Ghosh J, 2022. A computable general equilibrium (CGE) assessment of technological progress and carbon pricing in India's green energy transition via furthering its renewable capacity. Energy Economics, 106: 105788.

Smil V, 2017. Energy and Civilization: A History. MIT Press, Cambridge, Massachusetts and London, England.

Sovacool B K, 2016. How long will it take? Conceptualizing the temporal dynamics of energy transitions. Energy Research & Social Science, 13: 202-215.

Sun W, Zhang C C, 2018. Analysis and forecasting of the carbon price using multi resolution singular value decomposition and extreme learning machine optimized by adaptive whale optimization algorithm. Applied Energy, 231: 1354-1371.

Trutnevyte E, 2016. Does cost optimization approximate the real-world energy transition? Energy, 106 (7): 182-193.

United Nations Environment Programme, 2020. Emissions Gap Report 2020.

Vahl F P, Filho N C, 2015. Energy transition and path creation for natural gas in the Brazilian electricity mix. Journal of Cleaner Production, 86 (1): 221-229.

Verbruggen A, Yurchenko Y, 2017. Positioning nuclear power in the low-carbon electricity transition. Sustainability, 9 (1): 163.

Wagner S, S Wakeman, 2016. What do patent-based measures tell us about product commercialization? Evidence from the pharmaceutical industry. Research Policy, 45 (5): 1091-1102.

Wang H, Jin, 2007. Industrial Ownership and Environmental Performance: Evidence from China. Environmental & Resource Economics.

Wen Y, Cai B, Yang X, et al, 2020.Quantitative analysis of china's low-carbon energy transition. International Journal of Electrical Power & Energy Systems, 119: 105854.

Willenbockel D, 2017. Macroeconomic effects of a low-carbon electricity transition in Kenya and Ghana: An exploratory dynamic general equilibrium analysis. Mpra Paper.

Wolfram P, Wiedmann T, 2017. Electrifying Australian transport: hybrid life cycle analysis of a transition to electric light-duty vehicles and renewable electricity. Applied Energy, 206: 531-540.

World Energy Council, 2019. Energy Transition Toolkit.

World Wildlife Fund, 2015. China's future generation 2.0. Beijing.

Zhang H, Duan M S, Deng Z, 2020. Have China's pilot emissions trading schemes promoted carbon emission reductions? the evidence from industrial sub-sectors at the provincial level. J Clean Prod, 234: 912-924.

Zhao X, Lynch J G, Chen Q, 2010. Reconsidering Baron and Kenny: Myths and Truths about Mediation Analysis. Journal of Consumer Research, 37 (2): 197-206.

Zhou S, Tong Q, Yu S, et at, 2012. Role of non-fossil energy in meeting Ching's energy and climate target for 2020. Energy Policy, 51: 14-19.

Zhu J, Fan Y, Deng X, et al, 2019. Low-carbon innovation induced by emissions trading in China. Nat. Commun., 10: 4088.

陈国平，董昱，梁志峰，2020a. 能源转型中的中国特色新能源高质量发展分析与思考. 中国电机工程学报，40 (17): 5493-5506.

陈国平，李柏青，李明节，等，2021. 新一代特高压交直流电网仿真平台设计方案. 电网技术，45 (08): 3228-3237.

陈国平，梁志峰，董昱，2020b. 基于能源转型的中国特色电力市场建设的分析与思考. 中国电机报, 40 (02): 369-379.

陈晓红, 胡维, 王陟昀, 2013. 自愿减排碳交易市场价格影响因素实证研究——以美国芝加哥气候交易所（CCX）为例. 中国管理科学, 21 (04): 74-81.

陈晓红, 王陟昀, 2010. 欧洲碳排放权交易价格机制的实证研究. 科技进步与对策, 27 (19): 142-147.

董敏杰, 李刚, 2010. 应对气候变化: 国际谈判历程及主要经济体的态度与政策. 中国人口·资源与环境, 20 (06): 13-21.

范英, 衣博文, 2021. 能源转型的规律、驱动机制与中国路径. 管理世界, 37 (08): 95-105.

高虎, 2021. "双碳"目标下中国能源转型路径思考. 国际石油经济, 29 (03): 1-6.

高莹, 郭琨, 2012. 全球碳交易市场格局及其价格特征——以欧洲气候交易体系为例. 国际金融研究, (12): 82-88.

国家发展和改革委员会能源研究所, 2019. 中国2050年光伏发展展望（2019）.

国家发展和改革委员会能源研究所, 2015. 中国2050高比例可再生能源发展情景暨路径研究.

郝颖, 辛清泉, 刘星, 2014. 地区差异、企业投资与经济增长质量. 经济研究, 49 (3): 15.

季晓勇, 2020. 认清能源转型发展大势 抢抓后疫情时代发展机遇. 国际工程与劳务, (10): 21-25.

李俊江, 王宁, 2019. 中国能源转型及路径选择. 行政管理改革, (05): 65-73.

李明节, 陈国平, 董存, 等, 2019. 新能源电力系统电力电量平衡问题研究. 电网技术, 43 (11): 3979-3986.

李全生, 2021. 碳中和目标下我国能源转型路径探讨. 中国煤炭, 47 (08): 1-7.

李世峰, 朱国云, 2021. "双碳"愿景下的能源转型路径探析. 南京社会科学, (12): 48-56.

联合国环境规划署, 2021. 2021排放差距报告.

林伯强, 2021. 可再生能源发展关键在于电力市场化建设. 中国证券报, 2021-12-13 (A03).

刘振亚, 2020. 加快共建全球能源互联网 携手开创亚洲能源电力合作新局面. 中国电业, (11): 6-7.

罗佐县, 许萍, 邓程程, 等, 2019. 世界能源转型与发展——低碳时代下的全球趋势与中国特色. 石油石化绿色低碳, 4 (01): 6-16, 21.

欧盟长期战略愿景, 2020.

齐绍洲, 赵鑫, 谭秀杰, 2015. 基于EEMD模型的中国碳市场价格形成机制研究. 武汉大学学报（哲学社会科学版）, 68 (04): 56-65.

清华大学气候变化与可持续发展研究院, 2020. 中国长期低碳发展战略与转型路径研究.

史丹, 2017. 中国对能源转型的引领、风险演化及应对思路. 中国能源, 39 (11): 6.

舒印彪, 陈国平, 贺静波, 等, 2021. 构建以新能源为主体的新型电力系统框架研究. 中国工程学, 23 (06): 61-69.

孙士昌, 岳小文, 杜国敏等, 2020. 能源转型发展历程与趋势. 石油规划设计, 31 (4): 5-9.

谭忠富, 李云峰, 2021. 碳中和目标下以新能源为主体的新型电力系统体系构建. 中国电力企业管理, (34): 52-53.

唐新华, 2021. 绿色技术发展加快全球迈向碳中和的步伐. 世界知识, (06): 18-21.

田慧芳, 2015. 国际气候治理机制的演变趋势与中国责任. 经济纵横, (12): 99-105.

王班班, 齐绍洲, 2016. 市场型和命令型政策工具的节能减排技术创新效应——基于中国工业行业专利数据的实证. 中国工业经济, (6): 18.

王利宁, 彭天铎, 向征艰, 等, 2021. 碳中和目标下中国能源转型路径分析. 国际石油经济, 29 (01): 2-8.

王震, 李强, 周彦希, 2021. 中国"双碳"顶层政策分析及能源转型路径研究. 油气与新能源, 33 (06): 1-5.

王志轩, 2021a. 构建以新能源为主体的新型电力系统框架. 阅江学刊, 13 (03): 35-43.

王志轩, 2021b. 新型电力系统构建论纲——构建新型电力系统顶层设计思考. 中国电业, (09): 12-15.

汪中华, 胡垚, 2019. 基于影子价格模型的我国碳排放权交易市场价格扭曲度测算. 生态经济, 35 (05): 13-20.

魏琦, 金卓然, 2018. 化石能源价格变动对中国碳交易价格的影响研究. 价格理论与实践, (11): 42-45.

谢永胜, 2021. 推动能源转型发展助力实现"双碳"目标——在构建新型电力系统中先行示范. 中国电业, (08): 8-9.

徐佳, 谭秀杰, 2016. 碳价格波动的时空异质性研究. 环境经济研究, 1 (02): 107-122.

姚金楠, 2019. 智能电网只是手段并非目标. 中国能源报, 2019-11-18 (003).

于宏源, 2020. 自上而下的全球气候治理模式调整: 动力、特点与趋势. 国际关系研究, (01): 110-124, 157-158.

袁锐, 2021. 以 NEE 为鉴: 中国发电企业如何面对能源革命. 中国改革, (2): 55-61.

张瑶, 王傲寒, 张宏, 2021. 中国智能电网发展综述. 电力系统保护与控制, 49 (5): 180-187.

赵立祥, 胡灿, 2016. 我国碳排放权交易价格影响因素研究——基于结构方程模型的实证分析. 价格理论与实践, (07): 101-104.

郑宇花, 李百吉, 2016. 我国碳排放配额交易价格影响因素分析. 合作经济与科技, (10): 132-134.

《中国电力百科全书》编辑委员会, 2014. 中国电力百科全书.3 版. 北京: 中国电力出版社.

中国工程院项目组, 2011. 中国能源中长期（2030、2050）发展战略研究. 北京: 科学出版社, 50-62.

中国能源模型论坛, 2021. 中国 2050 低排放发展战略研究项目组: 中国 2050 低排放发展战略研究：模型方法及应用．

周吉平，2019. 全球能源转型与中国全面深化改革开放．国际石油经济，27 (01): 34-42.

周杰俣，崔莹，2021. 中国碳市场 2020 年报．中央财经大学绿色金融国际研究院．

朱彤，从博云，2018. 美国、日本和德国能效管理的经验与启示．中国发展观察，(Z2): 110-114.

庄英东，2018. 碳排放权交易价格的影响因素分析——以国内五个代表性开放试点为例．沈阳工程学院学报（社会科学版），14 (03): 349-357.

邹才能，何东博，贾成业，等，2021. 世界能源转型内涵、路径及其对碳中和的意义．石油学报，42 (02): 233-247.